Intensivtrainer
Wortschatz und Grammatik

DaF kompakt B1
Deutsch als Fremdsprache für Erwachsene

Birgit Braun
Margit Doubek
Rosanna Vitale

Ernst Klett Sprachen
Stuttgart

Die Symbole bedeuten

Sie arbeiten mit einem Partner / einer Partnerin oder in der Gruppe.

Hier steht eine Grammatikregel.

W Diese Aufgabe wiederholt Inhalte aus dem DaF kompakt B1 Kurs- und Übungsbuch.

V Diese Aufgabe vertieft Inhalte aus dem DaF kompakt B1 Kurs- und Übungsbuch.

E Diese Aufgabe erweitert Inhalte aus dem DaF kompakt B1 Kurs- und Übungsbuch.

KB: A1 Hier finden Sie die passende Aufgabe im DaF kompakt B1 Kursbuch.

ÜB: A1 Hier finden Sie die passende Übung im DaF kompakt B1 Übungsbuch.

1. Auflage   1 5 4 3 2 | 2016 15 14 13

Autoren: Birgit Braun, Margit Doubek, Rosanna Vitale
Beratung: Ilse Sander

Redaktion: Iris Korte-Klimach
Herstellung: Alexandra Veigel-Schall
Gestaltung und Satz: Jasmina Car
Illustrationen: Hannes Rall
Umschlaggestaltung: Annette Siegel
Reproduktion: Meyle + Müller, Medienmanagement, Pforzheim
Druck und Bindung: LCL Dystrybucja Sp. z o.o.
Printed in Poland

ISBN 978-3-12-**676192**-5

Bildquellennachweis
Umschlag.1 iStockphoto (Jacob Wackerhausen), Calgary, Alberta; **Umschlag.2** iStockphoto (Stepan Popov), Calgary, Alberta; **Umschlag.3** creativ collection Verlag GmbH, Freiburg; **6** Yahoo! Deutschland GmbH (CC-BY-SA-3.0/Paul Simpson.org/flickr), München; **18** Yahoo! Deutschland GmbH (CC-BY-SA-3.0 (Last Hero)), München; **27** ddp images GmbH (MMV), Hamburg; **28** Wikimedia Deutschland (Adrian Michael - CC-BY-SA-3), Berlin; **30** Fotolia.com (Melissa Schalke), New York; **32.1** Getty Images RF (Digital Vision), München; **32.2** Thinkstock (Pixland), München; **32.3** Klett-Archiv (Angela Fitz-Lauterbach), Stuttgart; **32.4** Klett-Archiv (Angela Fitz-Lauterbach), Stuttgart; **32.5** Klett-Archiv (Angela Fitz-Lauterbach), Stuttgart; **37** iStockphoto (Tomm L.), Calgary, Alberta; **45** Fotolia.com (Bernd Kröger), New York; **47** Coverartwork nach Wladimir Kaminer, Russendisko, erschienen im Wilhelm Goldmann Verlag, München, in der Verlagsgruppe Random House GmbH; **52** Fotolia.com (Oskar), New York; **54** Universitäts- und Hansestadt Greifswald, Greifswald; **57** Fotosearch Stock Photography (Digital Wisdom), Waukesha, WI

Binnendifferenziertes Lernen mit DaF kompakt B1

Der **DaF kompakt B1 Intensivtrainer Wortschatz und Grammatik** bietet eng auf das
DaF kompakt B1 Kurs- und Übungsbuch (Vollband wie auch Teilbände) zugeschnittenes
Zusatzmaterial. Er kann zur Binnendifferenzierung im Unterricht oder für das Selbst-
studium verwendet werden.

Aufbau

Der **DaF kompakt B1 Intensivtrainer Wortschatz und Grammatik** umfasst zwölf Kapitel,
die in der Grammatikprogression und dem Wortschatz genau auf die gleichnamigen Lektionen
im **DaF kompakt B1 Kurs- und Übungsbuch** abgestimmt sind.
Der Intensivtrainer orientiert sich zwar an der Progression des Kurs- und Übungsbuchs,
richtet sich aber nicht nach dem Doppelseitenprinzip, sondern hat einzelne Schwerpunkte,
die im **DaF kompakt B1 Kurs- und Übungsbuch** behandelte Phänomene aufgreifen und
gezielt üben. Ein Verweissystem – ähnlich wie im Kursbuch – verweist auf die entsprechende
Aufgabe bzw. Übung
KB: A1   im DaF kompakt B1 Kursbuch
(hier wird z.B. auf die Aufgabe 1 im Teil A der jeweiligen Lektion im Kursbuch verwiesen)
ÜB: A1   im DaF kompakt B1 Übungsbuch
(hier wird z.B. auf die Übung 1 im Teil A der jeweiligen Lektion im Übungsbuch verwiesen), zu
der die jeweilige Übung im Intensivtrainer passt.
Im Anhang befinden sich 12 Lektionstests, deren Umfang jeweils eine Doppelseite umfasst.
Die Bewertungskriterien und die Auswertung der Tests findet man im Lösungsteil. Die
Lösungen zu den Tests kann man im Internet unter www.klett.de/dafkompakt herunterladen,
sodass eine realistische Selbstevaluation gewährleistet ist. Im Anhang gibt es außerdem
eine alphabetische Liste mit den im **DaF kompakt A1/B1 Kurs- und Übungsbuch** verwendeten
Fachbegriffen mit Beispielen.

Arbeiten mit DaF kompakt B1 Intensivtrainer Wortschatz und Grammatik

Der Intensivtrainer bietet eine Fülle von Zusatzübungen zu Wortschatz und
Grammatik der einzelnen Lektionen des **DaF kompakt B1 Kurs- und Übungsbuchs**.
Jede Übung ist mit einem der drei folgenden Buchstaben gekennzeichnet:
W für Wiederholung
V für Vertiefung
E für Erweiterung
So können Kursleiter / Kursleiterinnen im Unterricht bzw. die Lernenden selbst leicht ent-
scheiden, ob sie Inhalte aus dem **DaF kompakt B1 Kurs- und Übungsbuch** wiederholen W, ob
sie sich tiefer mit der Thematik auseinandersetzen V oder bekannte Strukturen, um neue
Aspekte erweitern wollen E. Letzteres dürfte hauptsächlich stärkere Lerner interessieren. Mit
diesem klaren Verweissystem ist binnendifferenziertes Lernen im Unterricht wie auch zu
Hause sehr leicht möglich. Unterstützt wird dies zusätzlich durch den Lösungsteil im Anhang,
der es den Lernenden ermöglicht, ihre eigenen Lösungen zu überprüfen. Die Übungen
können übrigens direkt im Intensivtrainer gemacht werden.
Neben Übungen zum Wortschatz und zur Grammatik bietet der Intensivtrainer ein Recht-
schreibtraining, das auch relevante Aspekte des Phonetikprogramms aufgreift. Außerdem
hält der Intensivtrainer noch Schreibtipps und entsprechend darauf zugeschnittene Übungen
zum produktiven Schreiben bereit, die den Lernenden die spezifischen Kennzeichen der
jeweiligen Textsorte bewusst machen und passende Redemittel trainieren. Im letzten Kapitel
finden Sie zusätzlich eine Wiederholung von wichtigen B1-Themen sowie von Strategien.
Die im Intensivtrainer angebotenen Höraufgaben basieren auf dem Audio-Material vom
DaF kompakt B1 Kurs- und Übungsbuch, sodass es auch hier Möglichkeiten zur Binnendifferenzierung gibt.

Viel Spaß und viel Erfolg beim Lernen mit dem **DaF kompakt B1 Intensivtrainer** und dem
DaF kompakt B1 Kurs- und Übungsbuch wünschen Ihnen der Verlag und das Autorenteam.

Inhaltsverzeichnis B1

Trainee in Liechtenstein

1 ▸ Trainee in Liechtenstein – Nomen und Verben

W **a** Was passt? Ordnen Sie den Nomen die passenden Verben zu. KB: A 1 + ÜB: A 1

1. Betriebswirtschaft	a. bekommen	1. f
2. sich auf eine Trainee-Stelle	b. mieten	2. ☐
3. eine Zusage	c. besorgen	3. ☐
4. eine Broschüre über Vaduz	d. erkunden	4. ☐
5. eine Einzimmerwohnung	e. bewerben	5. ☐
6. das Land	f. studieren	6. ☐

W **b** Formulieren Sie nun mit den Nomen und Verben aus 1a Sätze wie im Beispiel.

1. *Carsten hat Betriebswirtschaft studiert.* _____
2. *Er* _____
3. _____
4. _____
5. _____
6. _____

2 ▸ Wissenswertes über Liechtenstein – Informationen sammeln

V **a** Lesen Sie den Infotext im Kursbuch A, Aufgabe 4a, noch einmal und ergänzen Sie die Informationen zu den Punkten. KB: A 4a + ÜB: A 5a

1. Lage: *in Mitteleuropa, grenzt an die Schweiz und Österreich* _____
2. Größe: _____
3. höchster Berg: _____
4. Einwohner: _____
5. Hauptort: _____
6. Sprachen: _____
7. Bevölkerung: _____
8. Staatsform: _____
9. Einreise: _____

Fürstentum
Liechtenstein

Österreich

Schaan

Schweiz • VADUZ

Malbun

V **b** Schreiben Sie mit den Informationen aus 2a einen kurzen Text über Liechtenstein in Ihr Heft. Die Redemittel im Kursbuch A, 4c können Ihnen helfen. KB: A 4c

3 ▸ Vorschläge, Ratschläge, Wünsche, Bitten – Der Konjunktiv II

V **a** Schreiben Sie die Konjunktiv II-Formen in die Tabelle. KB: A 2 + ÜB: A 2a – b

	haben	sein	können	sollen	dürfen	werden
ich	hätte					
du	hättest	wär(e)st				
er / sie / es				sollte		
wir			könnten			
ihr						würdet
sie / Sie					dürften	

b Formulieren Sie höfliche Bitten und Fragen mit „dürfte", „würde", „könnte".

1. Helfen Sie mir bitte! → *Würden / Könnten Sie mir bitte helfen?*
2. Kommst du morgen? → _____
3. Darf ich kurz stören? → _____
4. Ruf ihn sofort zurück! → _____
5. Sagen Sie mir, wo die Post ist? → _____
6. Schreib ihm eine Mail. → _____

c Nicole ist neu in Liechtenstein und hat Probleme. Formulieren Sie mit den Angaben im Schüttelkasten Vorschläge oder Ratschläge mit „könnte" und „sollte".

> ~~zum Arzt gehen~~   Ausfüge machen   eine Anzeige in der Zeitung aufgeben   in einen Sportclub gehen
> sich ein Zimmer in einer WG suchen   Kollegen fragen

1. Nicole hat eine starke Erkältung. → *Sie sollte zum Arzt gehen.*
2. Sie hat keinen Hausarzt. → _____
3. Sie fühlt sich allein. → _____
4. Sie sucht ein Zimmer in einer WG. → _____
5. Sie will viel von Liechtenstein sehen. → _____
6. Sie möchte neue Leute kennenlernen. → _____

4 Fahren oder fliegen? – Wortfeld „Reisen"

a Lesen Sie die Wörter im Schüttelkasten und bilden Sie Komposita wie im Beispiel.

> Tipp
> Nomen auf „-ung" → Komposita: Fugen-s, z. B. Vorbereitung**s**zeit

> Ab   An   Aus   Auto   Bahn   Bestätigung   Buchung   Büro   Ein   Fahr   Fahrt   Flug   Gesellschaft   Hafen
> Karte   Möglichkeiten   Pass   Plan   Reise   Schnell   Straßen   Tasche   Ticket   Verbindung   Zug   Zeug

die Abfahrt, _____

_____

_____

_____

_____

b Lesen Sie die Komposita aus 4a und schreiben Sie sie in die Tabelle.

Nomen + Nomen	Verb + Nomen	Adjektiv + Nomen	Präfix + Nomen
die Autobahn,			

5 **Komparativ und Superlativ – Vergleiche formulieren**

W **a** Ergänzen Sie die Komparativ- und Superlativformen (prädikativer Gebrauch) in der Tabelle.

Komparation, vgl. Lekt. 18

Komparativ und Superlativ – prädikativ

Grundform	Komparativ	Superlativ
1. Die Reise ist kurz.	Diese Reise ist *kürzer*.	Diese Reise ist am ___ .
2. Der Berg ist hoch.	Dieser Berg ist ___ .	Dieser Berg ist am *höchsten*.
3. Der See ist groß.	Dieser See ist *größer*.	Dieser See ist am ___ .
4. Das Hotel ist nah.	Dieses Hotel ist *näher*.	Dieses Hotel ist am ___ .
5. Das Personal ist nett.	Dieses Personal ist ___ .	Dieses Personal ist am *nettesten*.
6. Die Möbel sind neu.	Diese Möbel sind *neuer*.	Diese Möbel sind am ___ .
7. Das Essen ist gut.	Dieses Essen ist ___ .	Dieses Essen ist am *besten*.
8. Die Zimmer sind dunkel.	Diese Zimmer sind ___ .	Diese Zimmer sind am *dunkelsten*.

W **b** Ergänzen Sie die Komparativ- und Superlativformen (attributiver Gebrauch) in der Tabelle. **KB: B 2 + ÜB: B 1–2**

Adjektivdeklination, vgl. Lekt. 8, 10, 11, 16

Komparativ und Superlativ – attributiv

Grundform	Komparativ		Superlativ	
1. die kurze Reise	die *kürzere*	Reise	die *kürzeste*	Reise
2. der hohe Berg	der ___	Berg	der ___	Berg
3. dem großen See	dem ___	See	dem ___	See
4. dem nahen Hotel	dem ___	Hotel	dem ___	Hotel
5. das nette Personal	das ___	Personal	das ___	Personal
6. den neuen Möbeln	den ___	Möbeln	den ___	Möbeln
7. das gute Essen	das ___	Essen	das ___	Essen
8. die dunklen Zimmer	die ___	Zimmer	die ___	Zimmer

V **c** Jana ist nicht zufrieden. Schreiben Sie den Komparativ vor Nomen mit unbestimmtem Artikel / ohne Artikel.

1. Meine Arbeitszeit ist zu lang. → Ich hätte gern *kürzere Arbeitszeiten.* _____

2. Das Essen in der Kantine ist nicht gut. → Ich hätte gern _____ .

3. Meine Kollegin ist nicht nett. → Ich wünsche mir _____

4. Mein Schreibtisch ist zu klein. → Ich brauche _____ .

5. Mein Arbeitsplatz ist sehr laut. → Ich brauche _____ .

6. Ich arbeite mit einem alten Computer. → Ich möchte aber _____ .

7. Mein Gehalt ist zu niedrig. → Ich wünsche mir _____ .

8. Ich habe wenig berufliche Möglichkeiten. → Ich erwarte _____ .

V **d** Nicole ist mit ihrem Arbeitsplatz sehr zufrieden. Ergänzen Sie den Superlativ vor Nomen mit bestimmtem Artikel.

1. Ich habe die *kürzeste* _____ (kurz) Arbeitszeit.

2. In der neuen Kantine gibt es das _____ (gut) Essen.

3. Ich teile mein Büro mit der _____ (nett) Kollegin.

4. Ich habe den _____ (groß) Schreibtisch.

5. Ich habe den _____ (ruhig) Arbeitsplatz.

6. Ich arbeite mit dem _____ (modern) Computer.

7. Ich bekomme das _____ (hoch) Gehalt, das ich bis jetzt hatte.

8. Mich erwarten die _____ (viel) beruflichen Möglichkeiten meiner Karriere.

6 Erste Erfahrungen in Liechtenstein – Relativsätze mit „wo"

W **a** Lesen Sie Nicoles Mail an ihre Freundin Silke im Kursbuch C, Aufgabe 4, noch einmal und beantworten Sie die Fragen in Ihrem Heft.   **KB: C 4**

1. Wie lange ist Nicole schon in Liechtenstein?
2. Wie beschreibt sie Vaduz?
3. Was möchte sie in Vaduz machen? Warum?
4. Was berichtet sie über ihre Kollegen?
5. Wie gefällt Nicole ihr Büro?
6. Wie fühlt sie sich an ihrem Arbeitsplatz?

1. Sie ist schon 10 Tage dort und hat schon eine Woche gearbeitet.

W **b** Ordnen Sie die Satzteile zu und markieren Sie die Relativsätze mit „wo".   **KB: C 5**

1. Nicole ist zufrieden mit der ersten Woche,	a. wo es eine interessante Sammlung gibt.	1. *b*
2. In der Stadt,	b. die sie in Vaduz verbracht hat.	2.
3. Sie möchte das Kunstmuseum besuchen,	c. wo Nicole arbeitet, fühlt sie sich wohl.	3.
4. In der Bank,	d. wo es sehr gutes Essen gibt.	4.
5. In den Büroräumen,	e. die relativ klein ist, gibt es viele Museen.	5.
6. Das Büro,	f. wo sie anschließend eingesetzt wird.	6.
7. Ihre Kollegin,	g. wo Nicole arbeitet, ist sehr modern.	7.
8. Die Kollegen treffen sich in der Kantine,	h. mit der sie arbeitet, kommt aus Italien.	8.
9. Nicole freut sich auf die Abteilungen,	i. wo die Trainees sitzen, sieht man die Alpen.	9.

W **c** Ersetzen Sie „wo" in den Relativsätzen aus 6b durch ein Relativpronomen.   **ÜB: C 4b**

3. Sie möchte das Kunstmuseum besuchen, in dem es eine interessante Sammlung gibt.

V **d** Lesen Sie Nicoles Mail und ergänzen Sie die Relativpronomen.   Relativsätze, vgl. Lekt. 16

Liebe Silke,

danke für deine Mail. Ja, ich bin jetzt (endlich!!!) in Vaduz angekommen, aber auf meiner Reise gab es gestern einige Probleme, [1] *von denen* ich dir jetzt kurz berichten will. Wie du weißt, habe ich ja das Flugzeug, [2] _____ direkt von Hamburg nach Zürich geflogen ist, genommen. Der Flug, [3] _____ nur ca. 1:30 Stunden dauern sollte, hat doch länger gedauert, weil starke Gewitter aufkamen. Erst 45 Minuten später konnten wir den Flughafen Zürich-Klothen anfliegen, [4] _____ wir landen sollten. Am Flughafen lief ich schnell ans Gepäckband, [5] _____ ich lange auf meinen Koffer warten musste. Als ich meinen Koffer sah, [6] _____ mir meine Tante geschenkt hat, war ich sauer. Der Koffer, [7] _____ sehr teuer war, war total kaputt. Was tun? Zum Glück sah ich den „Lost and Found"-Schalter, [8] _____ man Probleme mit dem Gepäck lösen kann. Der Angestellte, [9] _____ mit mir sprach, war sehr hilfsbereit. Ich muss den Koffer, [10] _____ stark beschädigt ist, nun in ein Koffergeschäft bringen, [11] _____ sie ihn reparieren. Die Rechnung schicke ich danach mit meinem Ticket an die Fluggesellschaft, [12] _____ mir dann das Geld erstattet. Natürlich habe ich schließlich meinen Zug nach Schaan-Verduz verpasst und musste zum Bahnschalter, [13] _____ man mir eine neue Zugverbindung genannt hat. Ich bin gestern erst spät am Abend angekommen. Und heute war ja mein erster Arbeitstag, [14] _____ aber sehr gut gelaufen ist! Ich melde mich bald! LG, Nicole

7 An die Fluggesellschaft … – Einen offiziellen Brief schreiben

V **a** Lesen Sie den Tipp und ordnen Sie die Punkte dem Brief zu. **KB: C 2**

Schreibtipp: Offizieller Brief
Bei einem offiziellen Brief sind folgende Punkte wichtig: eigene Adresse, Ort und Datum, Adresse des Empfängers, Betreff, höfliche Anrede, Grund des Schreibens, Ziel des Schreibens, Schlussformel, Unterschrift, Anlage/n (Dokumente, die Sie mitschicken)

Nicole Schröder
Mühlenstraße 17
D-22113 Hamburg

Vaduz, den 10.10.20…

eigene Adresse / Ort- und
Datum

Anlagen
Schadensmeldung
Flugticket
Rechnung

Sehr geehrte Damen und Herren,

Erstattung der Reparaturkosten für mein Gepäck

Bitte überweisen Sie mir den Rechnungsbetrag auf folgendes Konto:
Nicole Schröder
Privatbank Nord, BLZ: 734 650 00 / IBAN: DE 000 000 000 007 346 500 00
KTO: 132 743 456 7 / BIC: PRIVANOR9RSH
am 03.10. 20.. bin ich mit Ihrer Fluggesellschaft um 9.50 Uhr von Hamburg nach Zürich-Klothen, Flugnr. LX 007 geflogen. Am Gepäckband ist mein roter Koffer mit stark beschädigtem Leder angekommen. Nach einer Schadensmeldung am „Lost-and-Found"-Schalter habe ich meinen Koffer zu einem Koffergeschäft gebracht, wo er repariert worden ist. Die Schadensmeldung, das Flugticket und den Koffer finden Sie anbei.

Ich bedanke mich schon jetzt für deine Mühe
Liebe Grüße

Nicole

Swiss International Air Lines
Customer Service
Postfach
CH-4002 Basel

V **b** Lesen Sie den Tipp in 7a und die Redemittel im Kursbuch C, Aufgabe 2, noch einmal. Korrigieren Sie den Brief und schreiben Sie ihn neu in Ihr Heft.

8 Wie schreibt man richtig? – „-g" oder „-ch" am Wortende?

E Arbeiten Sie zu zweit. Ihr Partner / Ihre Partnerin diktiert ein Wort und kreuzt es an. Welches Wort hören Sie: a oder b? Notieren Sie es. Dann diktieren Sie ein Wort, kreuzen es an und Ihr Partner / Ihre Partnerin notiert. Kontrollieren Sie zum Schluss gemeinsam.

Ergänzen Sie eine Adjektivendung, dann hören Sie, ob das Adjektiv mit „-g" oder „-ch" endet, z.B. wichtige – östliche

1. **a** fröhlich   **b** traurig
2. **a** selbstverständlich   **b** deutschsprachig
3. **a** notwendig   **b** deutlich

4. **a** lustig   **b** bedauerlich
5. **a** freundlich   **b** freudig
6. **a** unterschiedlich **b** langweilig

Verkehrsunfall in der Innenstadt

1 Wie ist der Unfall passiert?

W **a** Schauen Sie die Zeichnungen an und ordnen Sie die passende Beschreibung zu.   KB: A 1a + ÜB: A 1

links abbiegen   an der Ampel halten   einem Fußgänger ausweichen   entgegenkommen   zusammenstoßen
die Kreuzung überqueren

an der Ampel halten

W **b** Ergänzen Sie die fehlenden Wörter in dem Artikel über einen Verkehrsunfall.

Verkehrsunfall Zusammenstoß Rettungswagen Sachschaden Gegenfahrbahn Fahrer Unfallort Zeuge
Beifahrerin Vollbremsung

Bochum. Am Dienstag gegen 16.00 Uhr ereignete sich in der Innenstadt ein schwerer [1] *Verkehrsunfall* _____ .
Ein BMW-Fahrer wollte einem Fahrradfahrer ausweichen und machte eine [2] _____. Der Radfahrer
stürzte zu Boden, der BMW geriet auf die [3] _____ und stieß mit einem entgegenkommenden VW
Polo zusammen. Bei dem [4] _____ wurden der 60-jährige [5] _____ und seine
[6] _____ leicht verletzt. Der Radfahrer wurde mit einem [7] _____ ins Krankenhaus
gebracht. Ein [8] _____ rief die Polizei, die weitere Zeugen am [9] _____ vernahm.
Bei dem Unfall entstand ein [10] _____ in Höhe von ca. 10.000 €.

2 „passieren" – „geschehen" – „sich ereignen"

E **a** Lesen Sie den Lexikonartikel. Was ist richtig (r), was ist falsch (f)? Kreuzen Sie an.   ÜB: A 2c

[…] „passieren", „geschehen" und „sich ereignen" sind Verben, die sich auf etwas Unangenehmes, Ungewolltes oder
Unerwartetes beziehen. Sie sind Synonyme, werden aber unterschiedlich gebraucht: „passieren" eher in informellen,
„geschehen" und „sich ereignen" eher in formelleren Situationen: „Gestern ist ein Unfall passiert." – erzählt jemand;
„Gestern ist ein Unfall geschehen./Gestern hat sich ein Unfall ereignet." – steht in der Zeitung. Bei Naturkatastrophen
verwendet man „sich ereignen": „In der Türkei hat sich ein Erdbeben ereignet."
„Mir ist nichts passiert." – erzählt jemand. „Der Radfahrerin ist nichts geschehen." – steht in der Zeitung. In diesem Fall
kann man „sich ereignen" nicht verwenden.

1. Die drei Verben haben die gleiche Bedeutung.   ☒ f
2. „passieren" verwendet man eher in der gesprochenen Sprache.   r f
3. „sich ereignen" verwendet man nur für Naturkatastrophen.   r f
4. „geschehen" und „sich ereignen" werden unterschiedlich gebraucht.   r f

[V] **b** Lesen Sie die Sätze und formulieren Sie sie mit dem jeweils passenden Verb um. Manchmal passen zwei Verben.

1. Hallo, Markus, ich habe etwas ganz Tolles erlebt. → *Mir ist etwas Tolles passiert.* _____

2. Im Polizeibericht: Auf dem Domplatz gab es einen Unfall. → _____

3. Nachrichtensprecher: In Hannover hat es ein Zugunglück gegeben. → _____

4. Hey, Anna, was ist denn hier los? → _____

3 **Über den Unfall ist berichtet worden. – Passiv Perfekt**

[W] **a** Lesen Sie die Überschrift. Wie bildet man das Passiv Perfekt? Kreuzen Sie in der Regel an. **KB: A 3 + ÜB: A 3a**

Das Passiv Perfekt wird gebildet mit der konjugierten Form von „sein" im Präsens + Partizip Perfekt vom Vollverb + ☐ „geworden". ☐ „worden".

[W] **b** „worden" oder „geworden"? Lesen Sie die Sätze und schreiben Sie sie im Perfekt in die Tabelle. Unterstreichen Sie die Aktiv- bzw. die Passivform.

> Partizip Perfekt von „werden" = „geworden" → „worden" im Passiv [Tipp]

Ampel grün werden | Fahrradfahrerin nur leicht verletzt werden | Zeuge nervös werden | Zeugin blass werden | langsame Autos überholt werden | Busfahrer wütend werden | PKW in Werkstatt gebracht werden | Fahrgäste unruhig werden | Radfahrerin untersucht werden | alle Zeugen vernommen werden

Etwas ist passiert. (Passiv)	Etwas / jemand hat sich verändert. (Aktiv)
Die Fahrradfahrerin ist nur leicht verletzt worden.	*Die Ampel ist grün geworden.*

[V] **c** Verbinden Sie die passenden Wörter und bilden Sie Sätze im Passiv Perfekt.

1. Unfall	Polizist	ins Krankenhaus bringen
2. Unfallstelle	Zeugin	verursachen
3. Zeugen	Rettungswagen	schildern
4. Unfall	Journalist	vernehmen
5. Fahrradfahrerin	BMW-Fahrer	fotografieren

1. *Der Unfall ist von einem BWM-Fahrer verursacht worden.* _____

2. _____

3. _____

4. _____

5. _____

4 **Schildern Sie bitte den Unfall! – Einen Bericht schreiben**

Automarken = maskulin, z. B. der BMW, der Audi etc.

W **a** Ergänzen Sie das Gespräch zwischen einer Polizistin und einem Zeugen. **KB: A 4**

Freitag, ca. 17.00 Uhr   Kreuzung Bismarckstraße / Rathausstraße   Ampel rot – Mercedes über Kreuzung fahren – BMW von rechts kommen – beide PKWs nicht mehr bremsen können – lauten Knall hören – Mercedes mit BMW zusammenstoßen   Polizei und Rettungswagen rufen – BMW-Fahrer und Mercedes-Fahrer von Notarzt untersucht werden – beide nur leicht verletzt und vom Rettungswagen ins Krankenhaus gebracht werden

Polizistin: (Wann – Unfall geschehen?) → *Wann ist der Unfall geschehen?* _____

Zeuge: *Am Freitag um ca. 17.00 Uhr.* _____

Polizistin: (Wo – Unfall sich ereignen?) → _____

Zeuge: _____

_____

Polizistin: (Wie – Unfall passieren?) → _____

Zeuge: _____

_____

_____

Polizistin: (Was – noch geschehen?) → _____

Zeuge: _____

_____

E **b** Lesen Sie zuerst den Tipp und die Berichte im Übungsbuch A, Übung 2a. Kreuzen Sie dann in der Checkliste an, was für einen Bericht wichtig ist. **ÜB: A 2a**

Schreibtipp: Bericht
– sachlich
– Präteritum
– knapp, aber genau

Das gehört in einen Bericht:

X wichtige Informationen   ausführliche Beschreibung   eigene Gefühle

   Antworten auf W-Fragen   wörtliche Rede   Ereignisse in zeitlicher Reihenfolge

V **c** Schreiben Sie mit den Angaben aus 4a einen Bericht für eine Lokalzeitung in Ihr Heft. Kontrollieren Sie Ihren Bericht anhand der Checkliste von 4b.

Oldenburg. Am Freitag, um ca. 17.00 Uhr geschah … _____

5 **Sie muss behandelt werden. – Passiv mit Modalverben**

W **a** Lesen Sie die Satzteile und ordnen Sie sie zu. **KB: B 4 + ÜB: B 5–6**

1. Die Verletzten   a. sofort räumen müssen   1. *b*
2. Das Auto   b. behandeln müssen   2.
3. Die Unfallstelle   c. nicht machen dürfen   3.
4. Nicht alle Zeugen   d. nicht wegfahren können   4.
5. Der Radfahrer   e. befragen wollen   5.
6. Fotos von der Unfallstelle f. abholen wollen   6.

W **b** Formulieren Sie mit den Satzteilen aus 5a Sätze im Passiv Präsens.

1. *Die Verletzten müssen behandelt werden.* _____   4. _____

2. _____   5. _____

3. _____   6. _____

W **c** Formulieren Sie die Fragen zu 5b im Passiv Präteritum.

1. *Mussten die Verletzten behandelt werden?*
2. _____
3. _____
4. _____
5. _____
6. _____

W **d** Formulieren Sie die Sätze im Passiv und überlegen Sie, ob das Agens wichtig ist oder nicht. Wenn nicht, streichen Sie es. Achten Sie auch auf die Zeiten.

1. Können wir das Auto morgen abholen? *Kann das Auto morgen ~~von uns~~ abgeholt werden?*
2. Der Radfahrer musste die Strafe zahlen. _____
3. Sollt ihr die Formulare ausfüllen? _____
4. Die Presse durfte den Fahrer nicht interviewen. _____
5. Reporter dürfen Zeugen nicht vernehmen. _____
6. Konnte die Reporterin Fotos machen? _____

6 **Was wurde beschädigt? Wer wurde verletzt?**

W **a** Hier stimmt etwas nicht! Schreiben Sie die Autoteile an die richtige Stelle. KB: C 1c + ÜB: C 2a

Kotflügel
Reifen
Frontscheibe
die Motorhaube
Kofferraumdeckel
Tür
Heckscheibe
Stoßstange
Motorhaube

W **b** Ergänzen Sie die Angaben zum Personenschaden.

Rippen | Verband | ~~Prellungen~~ | Wunde | Halskrause | Schleudertrauma | Schlüsselbein

Die Motorradfahrerin hat starke [1] *Prellungen* und ein leichtes [2] _____.
Sie muss eine [3] _____ tragen. Ihr [4] _____ ist gebrochen und drei [5] _____ sind angebrochen. Eine kleine [6] _____ am Arm musste genäht werden und an der Hand muss sie einen [7] _____ tragen.

7 **Alles ist erledigt! – Das „sein"-Passiv**

W **a** Lesen Sie die Sätze und notieren Sie V (Vorgang / Prozess) oder Z (Zustand = Ergebnis eines Vorganges). KB: C 2a – b

1. Die Verletzten sind untersucht worden. V
2. Die Wunde ist schon genäht.
3. Die Patientin wird heute operiert.
4. Der Patient wird gut versorgt.
5. Der Audi ist nur leicht beschädigt.
6. Die Unfallstelle ist geräumt.
7. Die Polizei wurde sofort gerufen.
8. Die Schadensmeldung ist ausgefüllt.

b Sie organisieren eine Party. Schreiben Sie, was Sie schon erledigt haben. ÜB: C 3

Familie Abing einladen   Getränke einkaufen   Wohnung dekorieren   Essen vorbereiten   Musik auswählen
Wohnung aufräumen   Stühle ausleihen   Nachbarn informieren

– _Familie Abing ist eingeladen._ ___   – _____   – _____
– _____   – _____   – _____
– _____   – _____   – _____

8 Viele erledigte Aufgaben! – Partizip Perfekt als Adjektiv

a Formulieren Sie die Sätze um wie im Beispiel. Denken Sie an die Adjektivendungen beim Partizip Perfekt. KB: C 2c + ÜB: C 4a

Adjektivdeklination, vgl. Lekt. 8, 10, 11, 16

1. Der Radfahrer, der verletzt wurde, wurde versorgt. → _Der verletzte Radfahrer wurde versorgt._

2. Der Polizist hat das Unfallprotokoll, das unterschrieben ist, mitgenommen. → _____

3. Die Polizei fotografierte die Fahrzeuge, die beschädigt worden sind. → _____

4. Die Unfallstelle, die gesperrt ist, muss geräumt werden. → _____

5. Der Unfall, der gemeldet wurde, wird von der Versicherung bearbeitet. → _____

6. Das Auto, das repariert ist, kann abgeholt werden. → _____

b Ergänzen Sie die passenden Formen des Partizips Perfekt.

Lieber Frank,
ich habe mein [1] _gestohlenes_ (stehlen) Fahrrad wieder gefunden. Es stand an der
[2] _____ (befahren) Goethestraße, direkt hinter der [3] _____ (schließen)
Post. Wegen der [4] _____ (beschädigen) Reifen habe ich es nicht sofort erkannt. Natürlich
habe ich mich riesig gefreut! Ich habe mein [5] _____ (lieben) Rad in den Kofferraum meines
neu [6] _____ (kaufen) Autos gepackt und bin glücklich nach Hause gefahren. Nun kann ich
Holger das [7] _____ (leihen) Rad zurückgeben. Ich besuche dich nächste Woche mal mit
meinem [8] _____ (reparieren) Zweirad. Bis bald, Tom

9 Wie schreibt man richtig? – Kommasetzung (1)

Lesen Sie zuerst den Tipp im Übungsbuch, Phonetik 1, noch einmal und dann die Sätze laut.
Setzen Sie an den richtigen Stellen die Kommata. ÜB: Phon. 1

1. Der Kotflügel, die Stoßstange und der Außenspiegel sind beschädigt.
2. Kotflügel Spiegel Türen Stoßstange alles war kaputt.
3. Frau Abing jetzt reicht es aber!
4. Sie hatte eine Wunde an der Hand die genäht werden musste.
5. Frau Abing die Nachbarin von Robert hat sich zuerst sehr über ihn geärgert.
6. Der Unfall ereignete sich am Freitag den 17. April 2012.
7. Ich habe nichts gesehen aber etwas gehört.
8. Frau Abing denkt dass Robert schuld ist.
9. Entschuldigung wie komme ich zum Bismarckplatz?

Kreativ in Hamburg

1 ▶ Liebhaber toller Geschäfte – Der Genitiv

W **a** Schreiben Sie die Adjektivendungen im Genitiv vor Nomen ohne Artikel. **KB: A 2**

Shopping-Paradies Hamburg

Wenn Liebhaber fein_er___ Mode auf der Suche nach etwas Besonderem sind, gehen Sie in die Alsterarkaden. Dort finden Sie eine Reihe exklusiv_____ Geschäfte, sehr gut_____ Restaurants und elegant_____ Bistros und der Anblick lecker_____ Kuchens in den Schaufenstern lädt zum Besuch gemütlich_____ Cafés ein. Der Bau der Arkaden nach einem großen Brand war ein Beispiel erfolgreich_____ Engagements der Stadt Hamburg.

W **b** Die Speicherstadt. Ergänzen Sie die Adjektivendungen im Genitiv vor Nomen mit oder ohne Artikel.

1. Die Speicherstadt ist eine der größt_en___ Attraktionen des Hamburger Hafens.
2. Die Schönheit des weltgrößt_____ Lagerhauses liegt in der Vielfalt des kulturell_____ Angebots.
3. Die Speicherstadt ist ein Beispiel erfolgreich_____ Gebrauchs alt_____ und wertvoll_____ Gebäude.
4. Das Modelleisenbahnmuseum begeistert die Touristen mit Modellen europäisch_____ Länder.
5. Das Dunkelcafé weckt das Interesse von nicht-sehend_____ und sehend_____ Menschen.

2 ▶ Kulturleben in Hamburg – Infinitivsätze mit „zu"

V **a** Wohin kommt das „zu"? Lesen Sie den Tipp noch einmal und ergänzen Sie „zu". **KB: B 2**

> Tipp
>
> Infinitivsätze mit „zu" → „zu" + Infinitiv steht am Satzende, z. B. Ich liebe es, in die Stadt zu gehen.
> Bei Verben mit trennbarer Vorsilbe → „zu" steht zwischen Vorsilbe + Verbstamm, z. B. Ich hätte Lust, heute auszugehen.
> Bei Verben mit untrennbarer Vorsilbe → „zu" + Verb mit untrennbarer Vorsilbe, z. B. Ich hätte Lust, den Hafen zu besichtigen.
> Bei Passivsätzen → „zu" steht zwischen Partizip Perfekt + „werden", z. B. Ich liebe es, verwöhnt zu werden.

1. Die Touristen lieben es, _____ Hamburg mit einer Schiffrundfahrt _zu___ besichtigen.
2. Alle finden es gut, so ein tolles Kulturangebot _____ genießen _____ können.
3. Im Theater am Hafen lieben die Regisseure es, experimentelle Stücke _____ auf_____führen.
4. Ich hätte Lust, am Sonntag _____ einen Platz für das „Criminal Dinner" _____ reservieren.
5. Die Stadtführer bieten die Möglichkeit, die Geschichte Hamburgs näher _____ kennen_____lernen.
6. Es ist gut, bei Programmänderungen, _____ informiert _____ werden.

V **b** Bilden Sie Infinitivsätze.

1. es gefährlich sein – nachts – alleine – am Hafen – spazieren gehen
   → *Es ist gefährlich, nachts allein am Hafen spazieren zu gehen.* _____
2. gestern – ich – keine Lust haben – besuchen werden
   → _____
3. ich – es nicht mögen – von Freunden – überraschen werden
   → _____
4. er nicht vorhaben – eine Hafenrundfahrt – mitmachen
   → _____
5. du Lust haben – in „Die Dreigroschenoper" gehen?
   → _____
6. die Gäste es gut finden – beim „Criminal Dinner" mit gutem Essen verwöhnen werden
   → _____

☑ **c** Danach kommt oft ein Infinitivsatz: typische Ausdrücke und Wörter. Schreiben Sie die Wörter und Ausdrücke in die Tabelle.

anfangen̶ vorhaben (keine) Lust haben planen es lieben / hassen es toll / schön / … finden aufhören
Angst haben vorschlagen bitten es ist interessant / uninteressant vergessen (keine) Zeit haben

Pläne machen	Interesse / Gefühle äußern
anfangen,	

☑ **d** Schreiben Sie mit den Ausdrücken aus 2c Sätze wie im Beispiel in Ihr Heft.

Ich habe angefangen, mich für Hamburg zu interessieren.

Ⓔ **e** Der Chef oder die Sekretärin? Wer macht was? Lesen Sie die Sätze, stellen Sie Fragen und antworten Sie

1. Der Chef bittet die Sekretärin, ihm zu helfen. → _Wer bittet? – Der Chef. Wer hilft? – Die Sekretärin._
2. Sie schlägt ihm vor, eine Band zu bestellen. → _____
3. Der Chef plant, die Gäste persönlich zu empfangen. → _____
4. Sie rät ihrem Chef, mit den Gästen ins Theater zu gehen. → _____
5. Der Chef bittet sie, ihn um 9.00 Uhr anzurufen. → _____

Ⓔ **f** Wann kann man „dass"-Sätze bilden? Wann kann man Infinitivsätze bilden? Kreuzen Sie an und ergänzen Sie die Regeln.

🧩 1. Man kann Infinitivsätze bilden, wenn das Subjekt im Hauptsatz und das Subjekt im Nebensatz
a gleich **b** nicht gleich sind. Satz: _____
2. Man kann Infinitivsätze bilden, wenn die Subjekte in Haupt- und Nebensatz verschieden sind,
aber eine Dativ- oder Akkusativergänzung im Hauptsatz sich auf das Subjekt im Nebensatz
a nicht bezieht. **b** bezieht. Satz: _____

Ⓔ **g** Sie sind ein Wochenende in Hamburg. Wozu haben Sie Lust? Was finden Sie gut?
Schreiben Sie Sätze wie im Beispiel in Ihr Heft.

Ich habe Lust, eine Stadtrundfahrt zu machen und dann …

3 ▶ **Was machen Sie wann? – Sätze mit „vor / nach" + Dativ**

☑ Ergänzen Sie die Sätze mit „vor / nach" + den Nomen aus dem Schüttelkasten. ÜB: B 5c

Test̶ Arztbesuch Restaurantbesuch Party̶ Reise Rockkonzert

1. _Vor dem Test_ lerne ich den Wortschatz.
2. _Nach der Party_ räume ich auf.
3. _____ reserviere ich einen Tisch.
4. _____ hole ich das Medikament.
5. _____ packe ich meinen Koffer.
6. _____ tun meine Ohren weh.

4 Entweder … oder? – Alternativen formulieren

W **a** Verbinden Sie die Satzteile mit „entweder … oder". Schreiben Sie die Sätze in die Tabelle in Ihr Heft. **KB: B 4 + ÜB: B 6**

1. gehen: auf den Fischmarkt – in die Speicherstadt
2. kaufen: eine Karte für ein Popkonzert – das Musical
3. machen: einen Spaziergang – eine Hafenrundfahrt
4. besuchen: das Hafenfest – das Straßenfest in Barmbeck

1. Satzteil	Pos. 0	2. Satzteil
1. Entweder wir gehen auf den Fischmarkt	oder	in die Speicherstadt.
1. Entweder gehen wir auf den Fischmarkt	oder	in die Speicherstadt.
1. Wir gehen entweder auf den Fischmarkt	oder	in die Speicherstadt.

W **b** Verbinden Sie die Hauptsätze mit „entweder … oder". Schreiben Sie die Sätze in die Tabelle in Ihr Heft.

1. auf den Fischmarkt gehen / die Speicherstadt besuchen
2. eine Karte für ein Popkonzert kaufen / ein Musical ansehen
3. im Stadtpark spazieren gehen / an einer Hafenrundfahrt teilnehmen
4. das Hafenfest besuchen / auf das Straßenfest in Barmbeck gehen

1. Hauptsatz	Pos. 0	2. Hauptsatz
1. Entweder wir gehen auf den Fischmarkt	oder	wir besuchen die Speicherstadt.
1. Entweder gehen wir auf den Fischmarkt	oder	wir besuchen die Speicherstadt.
1. Wir gehen entweder auf den Fischmarkt	oder	wir besuchen die Speicherstadt.

5 „Kalt erwischt in Hamburg!" – Eine Inhaltsangabe schreiben

E Lesen Sie den Tipp. Markieren Sie die wichtigen Aussagen und schreiben Sie dann eine Inhaltsangabe des Krimis „Kalt erwischt in Hamburg" in Ihr Heft. Vergleichen Sie Ihr Ergebnis im Kurs. **KB: C 2 a – i**

Schreibtipp: Inhaltsangabe
Eine Inhaltsangabe ist ein kurzer informativer Text, der den Inhalt eines Buchs, Artikels etc. sachlich zusammenfasst. Die Inhaltsangabe besteht aus Einleitung, Hauptteil und Schluss.

Einleitung:
1. WAS für ein Text ist das? Z. B. ein Roman, Gedicht etc.
2. WIE ist der Titel des Textes?
3. WER ist der Autor? (wenn möglich)
4. WOVON handelt der Text?
5. WO ist der Text erschienen? (wenn möglich)

Hauptteil:
- Zusammenfassung der wichtigsten Handlungsschritte in chronologischer Reihenfolge
- Der Stil ist kurz und informativ.
- Die Inhaltsangabe wird in eigenen Worten formuliert und im Präsens geschrieben.

Schlussteil: Fazit mit Aussagen über
- die mögliche Absicht des Autors oder
- die besonderen sprachlichen Eigenschaften des Textes

In dem Hörkrimi „Kalt erwischt in Hamburg" von … geht es um …

6 Wie schreibt man richtig? – „s" oder „z"?

W Ergänzen Sie „s", „ss", „z", „zz", „tz" oder „ts". Lesen Sie die Wörter dann laut. **ÜB: Phon. 1**

1. ein__z__ig
2. verpa____t
3. pu____en
4. Pre____e
5. stol____
6. Pi____a
7. Schut____
8. Campu____
9. rech____
10. Kompeten____
11. Mu____ical
12. kon____entrieren
13. Hal____
14. offi____iell
15. Glei____
16. spe____ial
17. ex____ellent
18. Hi____e

Ab die Post

1 Am Postschalter – Wortfeld „Post"

a Ergänzen Sie die fehlenden Buchstaben und die Artikel. KB: A 1 + ÜB: A 1

1. _das_ Pä_c_kch_e_n
2. ___ P__t__
3. ___ _in_c_r_i_en
4. ___ E__f_ng_r

5. ___ _ri_fm_r_e
6. ___ S_n_un_s_a_er
7. ___ _ol_e_k_ä_u_g
8. ___ P_ke_inh__t

9. ___ _b_e_de_
10. ___ S_a_d_rd__i_f
11. ___ _ewi__t
12. ___ P___tse_d__g

b Hier stimmt etwas nicht! Korrigieren Sie die Anschrift der Empfängerin. ÜB: A 1b

Freytag Irene
133, Bergstraße
Oberhaching 02041
Oberbayern

Irene Freytag _____
_____ ____ _____
_____
_____ ____ _____

2 Wo? – Irgendwo! – Indefinitpronomen und -artikel + „irgend-"

a In der Warteschlange vor dem Postschalter hören Sie folgende Dialoge.
Ergänzen sie „irgend-" + Fragewort. KB: A 3 + ÜB: A 3a – b

1. Wann fahrt ihr nach Bonn? – Keine Ahnung, _irgendwann_____ am Wochenende.
2. Ist die Apotheke in der Nähe? – Ja, _____ hier.
3. Wohin wollen Sie dieses Jahr fahren? – Wahrscheinlich _____ in Italien.
4. Woher hast du diese Informationen? – _____ aus dem Internet.
5. Wie schaffen Sie das alles nur? – Ich weiß es selbst nicht, aber _____ geht´s.
6. Erwartest du viele Leute? – Keine Ahnung, aber _____ kommt bestimmt.

b „irgendjemand / irgendwer". Lesen Sie den Tipp und ergänzen Sie die Tabelle.

irgendjemand = irgendwer
(beide sind deklinierbar)
Wessen Jacke ist das?
– Keine Ahnung, von irgendjemandem / irgendwem im Kurs.

N: irgend_jemand_____ _____ / irgend_wer_____
A: irgend_____ / irgend_____
D: irgend_____ / irgend_____

c Nichts Genaues gewusst: Ergänzen Sie die Formen von „irgendjemand / irgendwer".

1. Kennst du hier _irgendwen / irgendjemanden_____ _____? – Nein.
2. Glaubst du, dass uns _____ helfen kann? – Ja, bestimmt.
3. Mit wem müssen wir sprechen? – Keine Ahnung, mit _____ vom Zoll.
4. Wen könnten wir fragen? – Hm, vielleicht _____ vom Service-Schalter.
5. Wem gehört die Zeitung? – Keine Ahnung, _____ in unserem Haus.
6. Bei wem hat der Postbote geklingelt? – Ich weiß es nicht, bei _____ im 1. Stock.

☑ **d** Der Terminkalender ist weg! Lesen Sie den Tipp im Übungsbuch A, 3c, und ergänzen Sie den Dialog. ÜB: A 3c

ÜB: A 3c

Tipp
Irgendetwas:
umgangssprachlich → irgendwas

1. (Mein Kalender?)
● Hast du meinen Kalender irgendwo gesehen?
○ *Nein, ich habe ihn nirgendwo / nirgends gesehen.*

2. (legen?)
● _____?
○ Nein, ich habe ihn auch nirgendwohin gelegt.

3. (mitnehmen?)
● Hat ihn vielleicht irgendjemand mitgenommen?
○ Nein, _____.

4. (Wichtiges?)
○ Hast du denn irgendwas Wichtiges darin notiert?
● Nein, _____.

5. (wiederfinden)
○ Na, dann ist es ja nicht so schlimm. Du findest ihn bestimmt irgendwann wieder!
● Nein, _____.
○ Ach, das glaubst du doch selbst nicht!

☑ **e** Lesen Sie den Tipp und ergänzen Sie ihn. ÜB: A 3e

☑ **f** Auf Barbaras Geburtstagsfeier. Ergänzen Sie die Indefinitartikel und -pronomen.

Tipp
Die Formen der Indefinitartikel und der Indefinitpronomen sind identisch, z. B. Was für eine Farbe möchtest du? – Ist mir egal.
Ich nehme irgendeine Farbe. Gib mir einfach irgendeine!
Außer:

	M	N
N	irgendein Flug → irgendeiner	irgendein Problem → irgendeins
A	irgendeinen Flug → irgend_____	irgendein Problem → irgend_____

1. Der Kuchen ist aber lecker. Woher hast du das Rezept?
   – Das hat mir mal *irgendeiner* _____ gegeben.
2. Die Stücke sind verschieden groß. Welches willst du?
   – Egal, gib mir_____.
3. Wie komme ich nur abends nach Hause?
   – Du kannst bestimmt mit _____ fahren.
4. Die bleiben aber alle so lange! – Keine Sorge, _____ fährt bestimmt früher.
5. Woher hast du denn den tollen Schal? – Ich glaube, aus _____ Boutique in Paris.
6. Ist eigentlich dein Paket schon da? – Leider nein, ich habe mit _____ auf der Post gesprochen, aber ohne Erfolg.
7. Hast du noch Gläser? – Ja, es stehen noch _____ im Küchenschrank.

3 **Die Paketscheinnummer – Komposita**

☑ **a** Bilden Sie Komposita mit dem Nomen „Post". ÜB: B 1

1. *der Postbote* _____   6. _____
2. _____   7. _____
3. _____   8. _____
4. _____   9. _____
5. _____

Tipp
Komposita (zusammengesetzte Nomen)
Nomen + Nomen:
das Paket + **der** Schein
→ **der** Paketschein

b Bilden Sie Komposita mit den Elementen von Wörtern aus den Lektionen 19–22 und schreiben Sie sie in die Tabelle wie im Beispiel.

Ab auftrag besprechung betrag brücke buch dienst ~~Er~~ ergebnis formular formular forsch ~~gebiet~~ ~~holungs~~ Land Nach nehmungs Orientier protokoll ~~punkt~~ Rechn Rett Rück send sicher such teilungs Üb ~~ungs~~ ungs ungs ungs ungs ungs ungs ungs ungs Unter Ver Ver

Verbstamm + ung + s + Nomen	Präfix + Verbstamm + ung + s + Nomen
der Orientierungspunkt,	*das Erholungsgebiet,*

4 Was wäre, wenn ...? – Der Konjunktiv II

a Schreiben Sie die Formen des Präteritums und des Konjunktivs II in die Tabelle. Bei welchen Verben verwendet man in der Regel keine Ersatzform („würde" + Infinitiv)? Markieren Sie diese Formen. KB: B 2a–b + ÜB: B 2

Infinitiv	Präteritum	Konjunktiv II / Ersatzform: würde + Infinitiv
1. bleiben (wir)	*wir blieben*	*wir blieben / würden bleiben*
2. dürfen (du)	*du durftest*	*du dürftest*
3. wissen (sie, Sg.)		
4. sollen (ihr)		
5. gehen (Sie)		
6. sich beschweren (ich)		
7. mitkommen (du)		
8. werden (sie, Pl.)		
9. müssen (sie, Sg.)		
10. kennen (er)		
11. versprechen (ich)		
12. denken (ihr)		
13. können (wir)		
14. einkaufen (sie, Pl.)		
15. finden (Sie)		
16. bringen (er)		
17. wollen (ich)		
18. haben (ihr)		
19. geben (er)		
20. sein (du)		

V **b** Formulieren Sie jeweils zwei irreale Konditionalsätze wie im Beispiel. KB: B 2c–e + ÜB: B 3b–c

1. Markus ist so unordentlich. Er findet den Paketschein nicht.
   → *Wenn Markus nicht so unordentlich wäre, fände er den Paketschein.*
   → *Wäre Markus nicht so unordentlich, fände er den Paketschein.*

2. Er hat die Paketnummer nicht. Er schaut nicht im Internet nach.
   → _____
   → _____

3. Er hat keine Zeit. Er kann sich nicht um das Päckchen kümmern.
   → _____
   → _____

4. Das Päckchen ist nicht da. Barbara ist traurig.
   → _____
   → _____

5. Die Adresse ist falsch, der Brief kommt zurück.
   → _____
   → _____

6. Die Postangestellte weiß nicht, wo das Paket ist. Sie kann uns nicht helfen.
   → _____
   → _____

V **c** Was würden Sie tun, wenn …? Formulieren Sie Sätze wie im Beispiel.

mehr ~~Zeit haben~~ | noch einmal 6 Jahre alt sein | Geld haben
Micky Mouse sein | sehr gut ein Instrument spielen können
auf einer Insel leben | Chef/in sein | ein Genie sein

1. *Wenn ich mehr Zeit hätte, würde ich öfter ausgehen.*
2. _____
3. _____
4. _____
5. _____
6. _____
7. _____
8. _____

5 **Es ist anders, als man denkt! – Irreale Annahmen**

E Lesen Sie den Tipp und formulieren Sie Sätze im Konjunktiv II.

1. Das Paket ist schwer. → *Ich dachte, es wäre nicht so schwer.*
2. Die Zustellung dauert lange. → Ich dachte, _____ .
3. Es gibt Probleme beim Zoll. → Ich hoffte, _____ .
4. Der Service ist gut. → Ich nahm an, _____ .
5. Das Porto reicht nicht aus. → Ich dachte, _____ .
6. Das Einschreiben kostet viel. → Ich habe angenommen, _____ .
7. Der Standardbrief braucht nicht lang. → Ich habe gedacht, _____ .

> **Tipp**
> Den Konjunktiv II verwendet man auch bei irrealen Annahmen, d.h., man denkt etwas, aber in der Realität ist es anders. Z. B. Das Paket ist noch nicht da. → Ich dachte, es wäre schon da.

6 Ärger mit der Post – Einen Beschwerdebrief schreiben

a Hören Sie das Gespräch auf der Post im Kursbuch C, Aufgabe 3a, noch einmal. Was ist richtig (r), was ist falsch (f)? Kreuzen Sie an. **KB: C 3a**

	r	f
1. Markus hat vier Werbebriefe erhalten.		☒
2. Es genügt, wenn Markus die falsch zugestellten Briefe direkt in einen Briefkasten wirft.	r	f
3. Markus stellt die falsche Post sehr gerne persönlich zu.	r	f
4. Markus bekommt häufig Post, die falsch zugestellt ist.	r	f
5. Markus soll sich bei dem zuständigen Briefträger persönlich beschweren.	r	f
6. Das Beschwerdeformular gibt es auf der Webseite der Post.	r	f

b Schreiben Sie eine Beschwerdemail. Verwenden Sie folgende Informationen und Redemittel. **ÜB: C 2**

Schreibtipp: Beschwerdebrief /-mail
Ein/e Beschwerdebrief /-mail ist ein offizieller Brief. Bleiben Sie höflich und sachlich. Schreiben Sie die Gründe Ihrer Beschwerde und was Sie nun erwarten.
Offizieller Brief, vgl. Kap. 19, 7 im Intensivtrainer

Beschwerde
Im letzten Monat:
– drei Briefe geöffnet
– ein Päckchen aufgerissen
– Wochenzeitung: zweimal nicht zugestellt, einmal nass und schmutzig,
  ein anderes Mal im Briefkasten von Nachbarin

~~Sehr geehrte Damen und Herren~~   Mit freundlichen Grüßen   schon einmal telefonisch beschwert haben – nichts geändert haben   finden, das reichen jetzt   Leider drei Kritikpunkte geben: Erstens   Zweitens   Drittens   Ich möchte mich beschweren: Zustellung meiner Post   Sie für die korrekte Zustellung zuständig sein – ich erwarten, Sie die Situation prüfen und schnellstmöglich verbessern   es Probleme ja mal geben können – so viele ungewöhnlich sein – das nicht verstehen können

Kontakt & Hilfe
zum Thema „Reklamationen und Beschwerden"

Meine Mitteilung

Betrifft | Zustellung ▼

Nachricht | Sehr geehrte Damen und Herren,
ich möchte mich bei Ihnen über die Zustellung meiner Post beschweren …
_____
_____
_____
_____
_____
_____

7 Wie schreibt man richtig? Harte und weiche Plosive: „p – b", „t – d", „k – g"

Arbeiten Sie zu zweit. Ihr Partner / Ihre Partnerin diktiert ein Wort und kreuzt es an. Welches Wort hören Sie: a oder b? Notieren Sie es. Dann diktieren Sie ein Wort, kreuzen es an und Ihr Partner / Ihre Partnerin notiert. Kontrollieren Sie zum Schluss gemeinsam. **ÜB: Phon. 1**

	a	**b**		**a**	**b**		**a**	**b**
1.	Gasse	Kasse	5.	Bahn	Plan	9.	Gleis	Kreis
2.	lieben	Lippen	6.	Gruß	Kuss	10.	Bar	Paar
3.	reden	retten	7.	Grenze	Kränze	11.	blass	Pass
4.	Titel	Drittel	8.	Lieder	Liter	12.	Seite	Seide

Studium in Deutschland

1 Studienwünsche und Hochschultypen – Wortfeld „Studium"

W **a** Schreiben Sie die Wörter in die Tabelle in Ihr Heft. **KB: A 1a**

ab	all	an	be	da	dien	Eig	ein	er	Fach	Fak	ge	~~Geistes~~	gel	gen	gik	go	grieren	hoch	Hoch
hos	inte	kannt	lich	Mei	meine	Na	nungs	orientiert	Pä	pi	praxis	prüf	Re	reife	schaften	~~schaften~~
schreiben	rig	schul	schule	schwie	sol	staat	ster	stu	tät	tät	theore	tieren	tisch	titel	tra	tur
ul	ung	Uni	versi	vieren	wissen	~~wissen~~	zeit

Nomen (+ Artikel)	Verben	Adjektive
die Geisteswissenschaften,		

V **b** Welches Wort aus 1a wird definiert? Lesen Sie die Definitionen und ergänzen Sie.

1. Unter _Regelstudienzeit_____ versteht man die Zeit (Semesteranzahl), in der das Studium beendet sein muss.

2. _____ bedeutet, dass man mit dieser Prüfung an der Universität studieren kann.

3. Sich _____ heißt, dass man sich an einer Hochschule für ein Studium anmeldet.

4. Das Gegenteil / Antonym von „_____" ist praktisch oder praxisorientiert.

5. Das Synonym von „einen Kurs _____" ist einen Kurs machen.

6. Die Bedeutung von „_____" ist als Gast am Unterricht oder an einem Seminar teilnehmen.

7. _____ (lateinisch: Fähigkeit, Vermögen) steht für eine Lehr- und Verwaltungseinheit eines Faches in der Universität, z. B. die medizinische _____.

8. Die Definition von „_____" ist die Lehre, Theorie und Wissenschaft von der Erziehung und Bildung.

E **c** Lesen Sie die Definitionen aus 1b noch einmal und notieren Sie die Redemittel rund ums Erklären in Ihr Heft.

unter ... versteht man ...;

2 Viele Gründe – Kausale Verbindungen

W **a** Formulieren Sie die Sätze mit den Wörtern in Klammern um. **ÜB: A 4 – 5**

> Kausale Verbindungen, vgl. Lekt. 11, 13

1. Marco ist nervös, weil er morgen eine wichtige Prüfung hat. (deshalb)
→ *Marco hat morgen eine wichtige Prüfung, deshalb ist er nervös.*

2. Marek findet das Studium an einer FH interessant, denn es ist praxisorientiert. (daher)
→ _____

3. Eva hospitiert in einem Gymnasium, weil sie später Lehrerin werden will. (darum)
→ _____

4. Mirte macht ein Praktikum, denn sie will praktische Erfahrungen sammeln. (deswegen)
→ _____

5. Daniel studiert Anglistik und Germanistik, weil er Dolmetscher werden will. (da)
→ _____

6. Kristin hat bald ein wichtiges Konzert, deshalb übt sie jeden Tag 3 Stunden Klavier. (denn)
→ _____

b „Das ist nämlich ganz einfach!" – Lesen Sie den Tipp. An welcher Stelle steht „nämlich"? KB: A 3

> „nämlich" steht meist nach dem Verb oder nach (Personal-/Reflexiv-)Pronomen, z. B. Ich muss mich beeilen, ich <u>will</u> nämlich pünktlich sein. / …, ich muss <u>sie</u> nämlich vom Bahnhof abholen. / …, ich freue <u>mich nämlich</u> auf sie.

1. Ich habe leider am Wochenende keine Zeit, _____ ich muss _nämlich_ für eine Prüfung lernen.

2. Kristin übt täglich, sie will _____ sich _____ gut auf ein Konzert vorbereiten.

3. Daniel geht gerne in die Mensa, dort trifft er _____ seine Freunde _____.

4. Wir müssen uns beeilen, wir _____ wollen _____ einen guten Sitzplatz bekommen.

5. Ich rufe dich heute an, ich muss _____ dir _____ etwas Wichtiges erzählen.

c Formulieren Sie Antwortsätze mit „wegen". In welchen Sätzen können Sie „wegen" auch mit Dativ benutzen? ÜB: A 4d

1. Warum willst du das Auslandssemester in Italien verbringen? (Sprache)
   Wegen der Sprache.

2. Warum ist der Hörsaal überfüllt? (zu hohe Studentenzahlen)
   _____

3. Hey, warum bist du denn so sauer? (blöder Kerl)
   _____

4. Warum kann nicht jeder Medizin studieren? (Zulassungsbedingung)
   _____

5. Warum jobbt Uta in der Kneipe? (Geld)
   _____

d Warum lernen sie? Korrigieren Sie die Sätze.

1. Ich möchte Deutschlehrer werden, weil ich Deutsch studiere.
   → _Ich studiere Deutsch, weil ich Deutschlehrer werden möchte._

2. Kristin übt jeden Tag mehrere Stunden, darum sie träumt von einer Solokarriere.
   → _____

3. Marek macht einen Englischkurs, denn er gute Englischkenntnisse haben muss.
   → _____

4. Wegen der schnelle Einstieg ins Berufsleben studiert Bernd an einer FH.
   → _____

5. Deswegen will Eric an einer deutschen Uni studieren, er muss schnell Deutsch lernen.
   → _____

6. Antoine spricht viele Sprachen. Er nämlich möchte für eine internationale Organisation arbeiten.
   → _____

3 Einen unwirksamen Gegengrund nennen – Konzessivsätze

a Lesen Sie die Sätze und markieren Sie zuerst den Gegengrund. Korrigieren Sie dann die Sätze mit „obwohl", „trotzdem" oder „dennoch". KB: B 3 + ÜB: B 3

1. Obwohl das Studienangebot in Deutschland ist sehr umfangreich, möchte Havel in seiner Heimat studieren.
   → _Obwohl das Studienangebot in Deutschland sehr umfangreich ist, möchte Havel in seiner Heimat studieren._

2. Trotzdem ein Studium im Ausland für Havel sehr wichtig ist, möchte er in seiner Heimat studieren.
   → _____

3. Sie möchte Physik studieren, dennoch hat sie Schwierigkeiten in Mathematik. → _____

ⓥ **b** Formulieren Sie Sätze mit „obwohl", „trotzdem" oder „dennoch" in Ihr Heft.

1. Jean: 39 Jahre alt sein – noch Musik studieren wollen
2. Brit: Medizin studiert haben – noch auf eine Kunsthochschule gehen
3. Robin: Regelstudienzeit 6 Semester betragen – 10 Semester studieren
4. Farid: unbedingt an einer privaten Uni studieren wollen – die Studiengebühren sehr hoch sein
5. Nesrin: schlechte Noten in Deutsch – Deutsch auf Lehramt studieren
6. Kim: Studium abbrechen – sehr gute Noten haben

1. Jean ist 39 Jahre alt, dennoch / trotzdem will er noch Musik studieren.
Obwohl Jean 39 Jahre alt ist, will er noch Musik studieren.

ⓥ **c** Verbinden Sie die Satzteile mit „zwar … aber" und schreiben Sie sie in Ihr Heft.

> **Tipp**
> „zwar" und „aber" können an unterschiedlichen Stellen im Satz stehen. Das hängt davon ab, was man mehr hervorheben möchte.

1. Marek Deutschkurs im letzten Jahr gefallen – dieses Mal keine Zeit haben
2. Studium in Deutschland sehr anstrengend ist – Marek gerne in Deutschland studieren wollen
3. Mareks Eltern sein Studium unterstützen – er nebenbei arbeiten wollen
4. Marek nicht gut in Mathematik – gern Betriebswirtschaft studieren möcht-
5. er eigenes Appartement in der Stadt leisten können – in einer WG wohnen
6. Marek sich gut in letzter Zeit informiert haben – über weitere Tipps froh sein

1. Zwar hat Marek der Deutschkurs im letzten Jahr gefallen, aber er hat dieses Mal keine Zeit. /
Marek hat der Deutschkurs zwar im letzten Jahr gefallen, er hat aber dieses Mal keine Zeit. /
Marek hat der Deutschkurs im letzten Jahr zwar gefallen, er hat dieses Mal aber keine Zeit.

4 Was sich Leute so wünschen – Irreale Wunschsätze

ⓦ **a** Erinnern Sie sich noch? Ergänzen Sie die Formen vom Konjunktiv II. **KB: B 4**

> **Tipp**
> Konjunktiv II, vgl. Lekt. 16, 19, 22

	haben	sein	können	dürfen	sollen	müssen	werden
ich	hätte						
du							
er / sie / es							
wir							
ihr							
sie / Sie							

ⓥ **b** Lesen Sie die Situationen und sagen Sie, was Sie an seiner / ihrer Stelle tun würden. Verwenden Sie die Angaben im Schüttelkasten.

> Ich, an seiner / ihrer Stelle, … | Wenn ich er / sie wäre, … | An seiner / ihrer Stelle …

1. Wladimir spricht nicht gut Deutsch. → *An seiner Stelle würde ich einen Deutschkurs machen.*
2. Svenja möchte nicht alleine wohnen. → _____
3. Saskia studiert Chemie. Ihr fehlt die Praxis. → _____
4. Franz studiert Jura und liebt Frankreich. → _____
5. Sentas Studium ist sehr teuer. → _____

ⓥ **c** Viele Wünsche. Schreiben Sie irreale Wunschsätze wie im Beispiel.

1. Klaus: Ich habe leider kein Auto. → *Wenn ich doch ein Auto hätte! / Hätte ich doch ein Auto!*
2. Tim: Ich kann kein Englisch sprechen. → _____
3. Paula: Ich bin nicht sportlich. → _____
4. Jonna: Ich darf nichts Süßes essen. → _____

5 Interessante Biographien – Eine Biographie schreiben

a Formulieren Sie aus den Satzteilen den Gegengrund mit „trotz" wie im Beispiel. **KB: C 1**

1. V. Schlöndorf: großer Erfolg in den USA – ging zurück nach Deutschland
→ *Trotz seines großen Erfolgs in den USA ging V. Schlöndorff zurück nach Deutschland.*

2. V. Schlöndorf: Studium der politischen Wissenschaften – arbeitete als Regieassistent
→ _____

3. M. Studer: seine große Karriere als Herzchirurg – gab den Beruf auf
→ _____

4. M. Studer: sein Alter von 57 Jahren – ist in ganz Europa mit seinem LKW unterwegs
→ _____

5. R. Hofer: Promotion zum Dr. med. – fand keinen Ausbildungsplatz im Krankenhaus
→ _____

6. R. Hofer: ihr Beruf als Psychiaterin – ist in Österreich als Kabarettistin bekannt
→ _____

b Lesen Sie die Daten von dem Schauspieler Klaus Maria Brandauer und schreiben Sie seine Biographie. Verwenden Sie dabei die Redemittel aus Kursbuch C, Aufgabe 4a. **KB: C 4a**

geb. am 22. Juni 1943 in Bad Aussee (Österreich)

1962 Abitur und Studium an der Stuttgarter Hochschule für Musik und Darstellende Kunst

1963 Abbruch des Studiums

1963 Debüt am Landestheater Tübingen, später Engagement am Theater in der Josefstadt, Wien

Seit 1972 Mitglied und Regisseur am Wiener Burgtheater

Professor am Max-Reinhardt-Seminar, Wien

1981 Hauptrolle in der Verfilmung des Klaus-Mann-Buches „Mephisto" → wurde berühmt

1985 Oscar-Nominierung für die beste Nebenrolle in „Jenseits von Afrika"

Viele Preise von der Filmkritik in USA, Österreich und Deutschland

Klaus Maria Brandauer lebt in Altaussee, Wien, Berlin und New York.

Klaus Maria Brandauer ist am 22. Juni 1943 in Bad Aussee (Österreich) geboren.

Schreibtipp: Lernbiografie Tipp
In einer Lernbiografie schreibt man, wo man was wie (am besten) gelernt hat.

c Lesen Sie den Tipp. Schreiben Sie Ihre Lernbiografie mit den Angaben aus dem Schüttelkasten in Ihr Heft.

Schullaufbahn Studium Ausbildung Stärken
Schwächen Lernmethoden Lernerfahrungen …

Am besten lerne ich … | Ich habe gemerkt, dass …
Ich habe … besucht | Ich bin gut / schlecht in … | Dann
habe ich … studiert. | Mein Studienschwerpunkt …

Meine Schullaufbahn beginnt …

6 Wie schreibt man richtig? – „h" oder kein „h" am Wortanfang?

Arbeiten Sie zu zweit. Ihr Partner / Ihre Partnerin diktiert ein Wort und kreuzt es an. Welches Wort hören Sie: a oder b? Kreuzen Sie an und kontrollieren Sie zum Schluss gemeinsam. **ÜB: Phon. 1**

1. **a** hart **b** Art
2. **a** Haus **b** aus
3. **a** Hunger **b** Ungarn
4. **a** her **b** er
5. **a** und **b** Hund
6. **a** hier **b** ihr

Mit der Natur arbeiten

1 ▸ Das Bergwaldprojekt – Fast wie ein C-Test

W ▸ Ergänzen Sie die Wörter in den beiden Texten. **KB: A 1a**

1. Die Stiftung Bergwaldprojekt organisiert einwöchige Projekte für Freiwillige. Fachleute zei_gen____ die Arb_____ im Wa_____ und erkl_____ das Ökos_____ des Wal_____. Die Freiwi_____ sind ju_____ Leute ab 18 Ja_____, die ke_____ Vorken_____ auf d_____ Gebiet brau_____. Sie ler_____, wie m_____ den Wa_____ erhält u_____ pflegt. S_____ wohnen do_____ sehr ein_____, weil Alph_____ kein Warmw_____ und kei____ Strom ha____. Sie müssen früh aufstehen und selbst kochen.

2. Wer praktische Erfahrung in der Bergwelt sammeln will, der sollte sich bei WWOOF bewerben. Alle Le_ute____ können mitm_____. Die Vorauss_____: Die Teiln_____ sollten minde_____ 17 Ja_____ alt se_____ und Lu_____ haben, ei_____ neuen Ber_____ kennenzulernen. Bei WWOOF ler_____ die Freiwi_____, wie m_____ biologisch Gem_____ anbaut und w_____ Tiere gezü_____ werden. Sie erfahren, wie schwer es ist, ohne giftige Schädlingsmittel zu arbeiten.

2 ▸ Wozu Freiwilligendienst? – Finale Nebensätze und Angaben

W ▸ a Lesen Sie die Grammatikregeln im Übungsbuch A, Übung 2c, noch einmal. Markieren Sie die Subjekte und entscheiden Sie, ob Sie die Sätze mit „damit" oder „um … zu" bilden. **KB: A 2 + ÜB: A 2a–d**

1. Viele Leute als Freiwillige sich melden // viele Leute Menschen aus anderen Ländern treffen
   → *Viele Leute melden sich als Freiwillige, um Menschen aus anderen Ländern zu treffen.*

2. Die Freiwilligen Mitglied werden müssen // WWOOF ihnen Infos schicken
   → _____

3. Man bei der Stiftung arbeiten können // man volljährig sein müssen
   → _____

4. Die Interessenten keine Vorkenntnisse brauchen // die Interessenten auf einem Alphof arbeiten
   → _____

5. Die Freiwilligen Bergschuhe brauchen // sie beim Bergwaldprojekt mitarbeiten können
   → _____

6. Die Fachleute die Freiwilligen betreuen // die Freiwilligen besser die Bergwelt kennenlernen
   → _____

V ▸ b Formulieren Sie die Sätze um wie im Beispiel.

1. Für die Mitarbeit auf einem Bauernhof braucht man Kraft.
   → *Um auf einem Bauernhof mitzuarbeiten, braucht man Kraft.*

2. Man braucht viel Erfahrung für die Herstellung von gutem Käse.
   → _____

3. Zum Studium der Landwirtschaft braucht Bernd kein Praktikum.
   → _____

4. Die WWOOFer kommen zur Unterstützung der Bergbauern.
   → _____

5. Zum Mitmachen sind keine Vorkenntnisse nötig.
   → _____

3 Ein Gespräch unter Freunden – Notizen machen

a Lesen Sie zuerst den Tipp. Hören Sie dann Teil 2 des Gesprächs zwischen Bernd und Johann im Kursbuch A, Aufgabe 4b, noch einmal. Lesen Sie nun die Notizzettel. Welcher Notizzettel ist klarer strukturiert? Warum? **KB: A 4b**

Schreibtipp: Notizen machen
Beim ersten Hören nur auf allgemeinen Inhalt konzentrieren. Beim 2. Hören Notizen machen.

1

Bergwaldprojekt oder WWOOF?
– *in der Schweiz arbeiten → viele Sprachen toll finden*
– *Berge lieben → Alp auf 1500m gut finden*
– *im Wald arbeiten → etw. für die Umwelt tun*
– *Schutz des Bergwaldes*
– *Arbeit mit Tieren interessant → mag Kühe sehr gern*
– *lernen, wie man Käse macht*
– *nicht in einer größeren Gruppe arbeiten wollen*
– *Leute kennenlernen, die sich f. Ökologie interessieren*

2

	Bergwaldprojekt	WWOOF
+	– in CH – im Bergwald – Öko-Projekt → Schutz d. Bergw.	– in CH – auf Alpbauernhof – Arbeit m. Tieren – Leute m. Öko-Interesse – Käseprodukt. lernen
–	– Arbeit in gr. Gruppe	

b Lesen Sie zuerst die Tipps und dann die Notizzettel aus 3a noch einmal. Welche Tipps wurden berücksichtigt? Welchen Notizzettel finden Sie besser? Warum? Sprechen Sie im Kurs oder schauen Sie im Lösungsschlüssel nach.

	Zettel 1	Zettel 2
1. in eigenen Worten formulieren	X	X

1. in eigenen Worten formulieren
2. nicht ausführlich, datur Schlüsselwörter
3. Abkürzungen
4. Symbole und Zeichen
5. Aussagen strukturieren: nummerieren, Überschriften, Zeichen
6. Notizblatt nach Bedarf vorstrukturieren

4 Bewerbungen

Sie möchten ein Praktikum im Familienbetrieb von Herrn Moser (Anzeige A im Kursbuch B, Aufgabe 1a) machen. Schreiben Sie mit folgenden Ausdrücken eine Bewerbung in Ihr Heft. Denken Sie auch an die Grußformel am Schluss. **KB: B 1a**

Ich hätte noch einige Fragen …   Könnten Sie mir bitte mitteilen, ob …   Ich wüsste auch gern, ob / wie …
Wie sieht es mit … aus?

Sehr geehrter Herr Moser,
Ihre Adresse habe ich von WWOOF bekommen. Ich möchte in den Sommerferien bei Ihnen …

5 Bewirbt er sich bei WWOOF? – Verben mit Präpositionen

a Verben mit Präpositionen. Ordnen Sie zu. Manchmal gibt es mehrere Lösungen.

1. sich bewerben	von
2. träumen	für
3. sich interessieren	bei
4. sich freuen	über
5. sich bedanken	um
6. denken	auf
7. sich entschließen	an
8. sich verlassen	zu

b Ergänzen Sie die Verben und Präpositionen aus 5a.

1. Bernd _bewirbt_ sich _um_ eine Stelle als Freiwilliger.
2. Bernd _____ sich _____ die Herstellung von Käse.
3. Bernd _____ sich _____ die Arbeit bei Frau Egger.
4. Frau Egger _____ sich _____ Bernds Zusage, denn sie braucht seine Arbeitskraft.
5. Bernd _____ _____ ein Studium der Landwirtschaft.
6. Bernd _____ _____ einem eigenen Biohof.
7. Bernd _____ sich _____ dem Praktikum, weil er praktische Erfahrung sammeln will.
8. Bernd _____ sich _____ Frau Egger _____ die gute Zeit auf dem Hof.

6 Worauf? – Darauf. – Fragewort und Präpositionalpronomen

> **Tipp**
> Präpositionalpronomen nennt man auch „Präpositionaladverbien".

Schreiben Sie Fragen und Antworten zu den Sätzen in 5b. **KB: B 3 + ÜB: B 4**

1. _Worum bewirbt sich Bernd? – Er bewirbt sich um eine Stelle als Freiwilliger._ (eine Stelle als Freiwilliger)
2. _Wofür interessiert sich Bernd? – Er interessiert sich dafür, Käse herzustellen._ (Käse herzustellen)
3. _____? (bei Frau Egger zu arbeiten)
   – _____.
4. _____ (dass Bernd drei Monate auf dem Hof arbeitet)
   – _____.
5. _____? (Landwirtschaft zu studieren)
   – _____.
6. _____? (einen eigenen Biohof zu haben)
   – _____.
7. _____? (ein Praktikum zu machen)
   – _____.
8. _____? (dass er eine gute Zeit auf dem Hof hatte)
   – _____.

7 (Präpositional)pronomen als Verweisformen

> **Tipp**
> Schreibtipp: Textzusammenhang
> Pronomen sind wichtig, um den Textzusammenhang herzustellen. Sie helfen, z. B. Wiederholungen zu vermeiden.

a Schreiben Sie den schlechten Text in Ihrem Heft neu. Ersetzen Sie die markierten Teile durch Pronomen und Präpositionalpronomen. **ÜB: B 4c**

Frau Egger hat Bernd angerufen. Dass Frau Egger Bernd angerufen hat, hat ihn sehr überrascht. Frau Egger hat Bernds Bewerbung bekommen. Für die Bewerbung hat sie sich bedankt. Frau Egger zahlt Bernd kein Taschengeld. Bernd braucht über das Geld nicht nachzudenken, denn er hat Geld gespart. Außerdem sorgt Frau Egger für Unterkunft und Verpflegung. Auf die Tatsache, dass Frau Egger für Unterkunft und Verpflegung sorgt, kann sich Bernd verlassen. Frau Egger war früher selbst mit WWOOF auf einem Hof in Slowenien. Von ihrem Aufenthalt auf einem Hof in Slowenien hat Frau Egger Bernd erzählt. Bernd arbeitet vom 1. Juni bis 31. August auf dem Hof von Frau Egger. Dass Bernd drei Monate auf dem Hof von Frau Egger arbeitet, ist für Familie Egger sehr wichtig. Bernd freut sich sehr auf die Tatsache, dass er am 1. Juni auf dem Hof anfängt. Er fängt direkt am 1. Juni auf dem Hof an.

Frau Egger hat Bernd angerufen. Das hat ihn sehr überrascht. ...

b Lesen Sie den Tipp im Übungsbuch B, Übung 4b, noch einmal. Markieren Sie in Ihrem Text aus 7a die Verweise. Welcher Satz enthält einen Vorwärtsverweis? **ÜB: B 4b**

8 Eine spannende Zeit – Partizipien als Adjektive

a Ergänzen Sie in Bernds Mail die Partizipien aus dem Schüttelkasten mit der richtigen Adjektivendung. **KB: C2**

Adjektivdeklination, vgl. Lekt. 8, 10, 11, 16

~~anstrengend~~ organisiert geboren blühend leuchtend umgebaut auftretend interessiert spannend kommend steigend

Hallo Johann,

es tut mir leid, dass ich mich so lange nicht gemeldet habe. Ich habe drei [1] _anstrengende_, aber sehr
[2] _____ Monate verbracht. Die Tage auf der Alm waren so voll, dass ich keine Zeit fürs Schreiben
hatte. Der Anfang war ziemlich hart, denn ich bin jeden Tag um 5.00 Uhr aufgestanden! Aber es hat immer
Spaß gemacht, denn ich war draußen in der [3] _____ Natur. Ich habe frisch [4] _____ Kälber
gefüttert, die [5] _____ Ställe ausgemistet, bei der Käseherstellung oder im Hofladen geholfen.
Die Eggers waren super nett und ein [6] _____ Vorbild: Sie waren so optimistisch trotz plötzlich
[7] _____ Krankheiten oder anderer Probleme. Außerdem habe ich viele Leute aus anderen Ländern
kennengelernt. Letzte Woche habe ich dann auf dem gut [8] _____ WWOOFer-Treffen von meiner
Zeit auf der Alm vor [9] _____ Leuten aus aller Welt berichtet. Das [10] _____ Interesse an
WWOOF hat mich echt gefreut. In den [11] _____ Semesterferien arbeite ich wieder auf einem Biohof.
Ich will nämlich Biobauer werden!! Was sagst du nun? LG, Bernd

b Lesen Sie den Tipp im Übungsbuch C, Übung 3a, noch einmal. Ergänzen Sie in Johanns Mail den Komparativ oder den Superlativ von den Partizipien in Klammern. **ÜB. C 5a**

Hallo Bernd,

schön von dir zu lesen!! Du als Biobauer – das finde ich super! Eine [1] _überraschendere_ (überraschend)
Neuigkeit als alle anderen ist, dass du als Langschläfer früh aufstehen kannst! Ich kann mir vorstellen, dass
dies die [2] _____ (aufregend) Zeit deines Leben war. Denn alles war anders als sonst, nicht wahr?
Du hast [3] _____ (anstrengend) Arbeiten gemacht als früher und [4] _____ ,
(spannend) Dinge erlebt als zu Hause. Ich habe ein tolles Praktikum bei einem der [5] _____
(gefragt) Köche Deutschlands und seinen [6] _____ (erfahren) Mitarbeitern gemacht. Wir haben
die [7] _____ (spannend) Gerichte gekocht. Stell dir vor, in dem Restaurant haben sogar Stars
gegessen! Ich erzähle dir alles persönlich. Wie wär's am Freitag in Bettys Bistro um 20.00 Uhr? LG, Johann

c Partizip Präsens oder Partizip Perfekt? Lesen Sie den Tipp im Übungsbuch C, Übung 3b, noch einmal und formulieren Sie die Sätze um wie im Beispiel. **ÜB: C 3b**

1. Der Patient kennt den Arzt, der operiert. → _Der Patient kennt den operierenden Arzt._
2. Der Arzt hilft dem Patienten, der operiert wurde. → _Der Arzt hilft dem operierten Patienten._
3. Die Professorin lobt die Studenten, die mitarbeiten. → _____
4. Die Psychologin löst die Probleme, die auftreten. → _____
5. Der Kellner serviert Nudeln, die gebraten worden sind. → _____
6. Die Kinder hassen Gemüse, das gekocht wurde. → _____
7. Der Kollege erzählt von der Geschäftsreise, die aufregend war. → _____
8. Der Chef hielt einen Vortrag, der gut besucht worden ist. → _____

9 Wie schreibt man richtig? – „f", „pf" oder „v"?

Ergänzen Sie „f", „pf" oder „v" und lesen Sie die Wörter dann laut.

1. der Em_pf_änger – er ___ängt an
2. ___ehlen – em___ehlen
3. ___iel – du ___ielst
4. ___air – ___erreisen
5. das ___erd – er ___ährt
6. die ___orm – ___orn

Die Kunst, (keine) Fehler zu machen

1 Willkommen! – Auf Wiedersehen! – Wortfeld „Begrüßung"

a Schauen Sie sich die Fotos an. Wie begrüßen bzw. verabschieden sich die Menschen?
Schreiben Sie wie im Beispiel. ÜB: A 1a – c

Sie geben sich die _____ _____ _____ _____
Hand. _____ _____ _____ _____

b Schreiben Sie die Nomen zu den Verben in 1a.

1. *der Handschlag* _____ 3. _____ 5. _____
2. _____ 4. _____

c Schauen Sie sich die Fotos in 1a noch einmal an. Sind die Gesten eher formell oder informell? Kreuzen Sie an.

Foto 1: f **✗**
Foto 2: f i
Foto 3: f i
Foto 4: f i
Foto 5: f i

2 Wo trefft ihr euch? – Reflexivpronomen

a Bilden Sie Sätze wie im Beispiel. KB: A 2 + ÜB: A 2

1. ihr: wo sich treffen? → *Wo trefft ihr euch?* _____
2. wir: sich freuen auf das Wochenende. → _____
3. sie: sich sonntags immer entspannen. → _____
4. man: wie sich begrüßen formell? → _____
5. ihr: sich küssen zur Begrüßung? → _____
6. du: warum sich darüber ärgern? → _____

b Reziproke oder reflexive Bedeutung? Ordnen Sie die Sätze aus 2a in die Tabelle. ÜB: A 3a – b

reziprok ⇄	reflexiv ↻
1. Wo trefft ihr euch?	

c Erinnern Sie sich? – „Einander". Was passt: a oder b? Kreuzen Sie an. ÜB: A 3c

Achtung: Bei reflexiven Verben mit festen Präpositionen bleibt das „sich" erhalten, z. B. Sie haben sich aneinander gewöhnt.

1. Sätze mit „einander" haben   **a** eine reflexive   **b** eine reziproke Bedeutung.
2. In Sätzen mit „einander"   **a** fällt das Reflexivpronomen weg.   **b** bleibt das Reflexivpronomen.

d Eine traurige Liebesgeschichte. Lesen Sie den Tipp im Übungsbuch A, Übung 3d, und bilden Sie Sätze mit „sich" oder „einander". ÜB: A 3d

1. Zuerst sie sich nur mit Handschlag begrüßen → *Zuerst begrüßten sie sich nur mit Handschlag.*
2. Dann sich zur Begrüßung küssen → _____
3. Sich besser kennenlernen → _____
4. Sich regelmäßig E-Mails schreiben → _____
5. Schließlich sich verlieben in → _____
6. Doch dann Probleme haben mit → _____
7. Sich nicht mehr ansehen → _____
8. Aber noch oft denken an → _____

e Malika und ihre neuen Kollegen. Ergänzen Sie die passenden Präpositionen + „einander".

1. Sie haben viel Spaß *miteinander.*   4. Sie sind selten sauer _____.
2. Sie lernen viel _____.   5. Sie kümmern sich _____.
3. Sie unterhalten sich gern _____.   6. Sie reden nicht schlecht _____.

f Was ist wichtig in einer Freundschaft? Lesen Sie den Tipp im Übungsbuch A, Übung 3e, und bilden Sie Sätze wie im Beispiel. ÜB: A 3e

1. Vertrauen → Es ist wichtig, *dass man sich gegenseitig vertraut.*
2. Hilfe → Es ist wichtig, dass _____
3. Respekt → Es ist wichtig, dass _____
4. Unterstützung → Es ist wichtig, dass _____
5. Tipps geben → Es ist wichtig, dass _____

3 Briefe schreiben, aber richtig!

a Schreiben Sie kurze Mitteilungen mit der jeweils passenden Anrede und Grußformel in Ihr Heft. ÜB: B2

Schreibtipp: Kurze Mitteilungen
Wenn man den Namen des Adressaten in formellen Briefen nicht kennt → Sehr geehrte Damen und Herren, …

Mit freundlichen Grüßen   um 13 Uhr gemeinsam in der Kantine essen wollen?   Sehr geehrter …   Viele liebe Grüße   am Dienstag in Sprechstunde kommen können?   Liebe …   Hallo …   herzlichen Dank nochmals meine Pflanzen gegossen haben   Sehr geehrte Damen und Herren   Mit besten Grüßen   hiermit die Buchung eines EZ für Herrn Schmidt vom 1. bis 3. Dezember 20.. bestätigen   Tschüss

1. Dozent (Prof. Aich) – Sprechstunde am Dienstag?
2. Nachbarin (Frau Beyer) – danke fürs Pflanzengießen
3. Kollege (Tom) – gemeinsam Mittag essen?
4. Hotel Central – EZ für Herrn Schmidt bestätigen

1. Sehr geehrter Herr Prof. Aich,
könnte ich am Dienstag
in Ihre Sprechstunde kommen?
Mit besten Grüßen, …

…

E b Urlaubsgrüße. Schreiben Sie Ihrer Kursleiterin, Frau Moll, eine Postkarte aus dem Urlaub. Verwenden Sie die passende Anrede und Grußformel.

– Urlaubsort: Meer, See, Berge, Stadt?
– Wetter?
– Essen?
– besondere Erlebnisse?
– …

Liebe Frau Moll,

E c Informationen bitte! Schreiben Sie an die Sprachschule „Lingua Aktiv". Verwenden Sie die passende Anrede und Grußformel.

– Interesse an B2-Kurs
  „Deutsch als Fremdsprache"
– Preis für einen B2-Kurs?
– Beginn nächster Kurs?
– Kursdauer?
– welche Termine?
– wie viele Teilnehmer pro Gruppe?
– wie anmelden?
– Kursprogramm zuschicken?
– …

Sehr geehrte Damen und Herren,

4 Keine Panik! – Niemand ist perfekt!

V Fehlerprotokoll. Korrigieren Sie die Fehler. Um welchen Fehlertyp handelt es sich? Ordnen Sie zu. ÜB: C 1a

falsche Wortstellung nach Konnektor | Rechtschreibfehler | falscher Kasus | falscher Artikel | falsches Hilfsverb
falsche Personalendung | falsche Verbstellung | falsche Adjektivendung | falscher Konnektor

1. Das ist nähmlich das Problem. → *nämlich: Rechtschreibfehler* _____
2. Das Film gefiel mir sehr gut. → _____
3. Kommst ihr mit ins Kino? → _____
4. Er hat mit dem Zug nach Potsdam gefahren. → _____
5. Malika arbeitet bei einer bekanntem Firma. → _____
6. Kann ich Ihnen etwas fragen? → _____
7. Malika soll leiten das Teammeeting. → _____
8. Dennoch sie schlecht geschlafen hat, macht sie Fehler. → _____
9. Astrid hat keine Panik, weil niemand ist perfekt. → _____

5 Es ist nicht leicht, sodass ... – Konsekutivsätze

[w] a Ordnen Sie zu und verbinden Sie die Sätze 1–3 mit „sodass" und die Sätze 4–6 mit „so ... dass". KB: C 3 + ÜB: C 2a–b

1. Potsdam gefällt Malika sehr gut.
2. Malikas Schreibtisch steht am Fenster.
3. Malika findet die Kollegen sehr nett.
4. Malika ist spät aufgestanden.
5. Malika arbeitet lange.
6. Malika hat viele deutsche Spezialitäten probiert.

a. schönen Ausblick haben   1. c
b. am Abend sehr müde sein   2.
c. Bus verpasst haben   3.
d. zugenommen haben   4.
e. sich dort wohlfühlen   5.
f. sie auch privat treffen   6.

1. _Malika gefällt Potsdam sehr gut, sodass sie sich dort wohlfühlt._
2. _____
3. _____
4. _Malika ist so spät aufgestanden, dass sie den Bus verpasst hat._
5. _____
6. _____

[w] b So ein Pech! Lesen Sie den Tipp und verbinden Sie die Sätze mit den Hauptsatzkonnektoren „also" und „folglich". Kreuzen Sie an, ob die Sätze formell (f) oder informell (i) sind. ÜB: C3

> **Tipp**
> „Also" und „folglich" stehen am Anfang des zweiten Satzes, häufig auch direkt nach dem Verb. Personalpronomen als Ergänzung stehen vor „also"/ „folglich".
> „Also" wird häufiger in der gesprochenen Sprache und in informellen Texten verwendet; „folglich" eher in formellen mündlichen und schriftlichen Texten.

1. Mein Auto ist kaputt (zu Fuß gehen müssen)   f ✗
→ _Mein Auto ist kaputt. Also muss ich zu Fuß gehen. / Ich muss also zu Fuß gehen._
_____
_____

2. Das Konzert ist ausverkauft. (Kartenverkauf wurde beendet)   f i
→ _____
_____

3. Astrid hat den Zug verpasst. (auf den nächsten Zug warten müssen)   f i
→ _____
_____

4. Der Vortragsraum ist zu klein. (nicht alle Zuhörer sitzen können)   f i
→ _____
_____

5. Malika ist stark erkältet. (nicht mit uns ins Schwimmbad gehen können)   f i
→ _____
_____

6. Die Kursgebühr ist sehr hoch. (viele Interessenten sich nicht anmelden können)   f i
→ _____
_____

6 Konnektoren über Konnektoren

Lesen Sie Malikas Mail und ergänzen Sie die passenden Konnektoren.

entweder … oder | trotzdem | weil | sodass | als | ~~denn~~ | sondern | wenn
aber | damit | zwar … aber | obwohl | oder | dass

Hi Astrid,

ich fühle mich sehr wohl in der Firma, [1] _denn_____ alle sind sehr nett zu mir. Das Praktikum ist echt

vielfältig, [2] _____ ich schon sehr viel Neues gelernt habe. Ich kann immer [3a] _____

den Chef [3b] _____ die Kollegen fragen, [4] _____ ich Probleme habe [5] _____

etwas nicht verstehe. Die Arbeitsatmosphäre ist wirklich sehr gut, [6] _____ bin ich immer noch

ein wenig nervös, [7] _____ ich keine Fehler machen will. Ich weiß, [8] _____ niemand

perfekt ist, [9] _____ zu viele Fehler finde ich nicht lustig, [10] _____ peinlich!

[11] _____ ich letzte Woche den Chef geduzt habe, hat er [12a] _____ gelächelt,

[12b] _____ mir war der Fehler sehr unangenehm. Übrigens: Potsdam gefällt mir sehr gut,

[13] _____ es seit einer Woche regnet! Am Wochenende mache ich einen Ausflug,

[14] _____ ich die Umgebung besser kennenlernen kann. Viele liebe Grüße, Malika

---

7 „Das" oder „dass"? – Artikel, Konnektor oder Pronomen

a Fehler sind wichtig. Lesen Sie die Aussagen. Wo ist „das / dass" Artikel (A), Konnektor (K) oder Pronomen (P)?
Kreuzen Sie an.

1. Viele Lerner sind so kritisch, dass sie sich über Fehler ärgern. A **X** P
2. Ja, wirklich. Ein Problem, das viele Lerner haben. A K P
3. Ich kann das auch bestätigen. A K P
4. Dass sie aus Fehlern lernen, ist wichtig. A K P
5. Ich finde, das ist sehr schwer! A K P
6. Also, mich stört das Korrigieren nicht. A K P
7. Das Ziel ist es, sensibler für Fehler zu werden. A K P
8. Ich will mich in der Sprache sicherer fühlen. Das ist das Ziel, das ich habe. A K P

b Lesen Sie die Aussagen und ergänzen Sie „das" oder „dass".

1. Ich finde es gut, _dass_____ meine Kollegen mich korrigieren.

2. Ich finde, _____ dies auch wichtig ist.

3. Ich habe _____ Wörterbuch immer dabei.

4. Ist das Wörterbuch, _____ du benutzt, sehr gut?

5. Wenn ich ein Wort nicht weiß, sage ich ein allgemeines Wort, z. B. _____ Gerät.

6. Ich nenne das Wort, _____ ich nicht kenne, einfach „Ding".

7. _____ ich viele Wörter nicht kenne, macht mich unsicher.

8. Ich kann _____ gut verstehen.

8 Wie schreibt man richtig? – Auslautverhärtung: „p – b", „t – d", „k – g"

Ergänzen Sie „p", „b", „t", „d", „k" und „g". ÜB: Phon. 1

1. die Jugen_d_ - das Argumen_t_
2. die Al___ - der Urlau___
3. der Auftra___ - der Dan___
4. der Kandida___ - die Gedul___
5. schlan___ - lan___
6. der Po___ - der Jo___
7. elegan___ - wüten___
8. der Die___ - der Ty___
9. der To___ - to___

Auf nach Dresden!

Eine Stelle in Dresden – Wortfeld „Arbeitsvertrag"

a Rund um den Arbeitsvertrag. Schreiben Sie die Begriffe aus dem Schüttelkasten zu den passenden Definitionen. Benutzen Sie ggf. ein Wörterbuch. KB: A 2a

| der Arbeitgeber   der Arbeitnehmer   das Arbeitsverhältnis |
| der Bruttolohn   das Gehalt   die Gleitzeit   die Kernarbeitszeit |
| die Kündigung   der Nettolohn   die Probezeit   die Überstunde |

1. _der Bruttolohn, -e_ = das Einkommen vor Abzug der Steuern

2. _____ = eine Firma, Institution oder Person, die Arbeitnehmer beschäftigt

3. _____ = eine befristete Zeit, in der man zeigen soll, ob man für eine Tätigkeit geeignet ist

4. _____ = regelmäßige monatliche Bezahlung von Beamten und Angestellten

5. _____ = eine Person, die von einem Arbeitgeber beschäftigt wird

6. _____ = die Zeit vor und nach der Kernarbeitszeit, in der die Arbeitnehmer Arbeitsbeginn bzw. -ende frei wählen können

7. _____ = die Lösung eines Vertrages (z.B. eines Mietvertrags oder eines Arbeitsverhältnisses)

8. _____ = das rechtliche Verhältnis zwischen Arbeitgeber und Arbeitnehmer

9. _____ = die Stunde, die zusätzlich zu den festgelegten Arbeitsstunden gearbeitet wird

10. _____ = die festgelegte Zeit am Tag, in der die Arbeitnehmer auf jeden Fall arbeiten müssen

11. _____ = das Einkommen nach Abzug der Steuern

b Tolle Neuigkeiten! Olaf ist neugierig und stellt Christian Fragen. Lesen Sie Christians Arbeitsvertrag im Kursbuch A, Aufgabe 2a, noch einmal und schreiben Sie Olaf eine Antwortmail.

Olafs Fragen:
– Arbeitgeber?
– befristete Stelle?
– Probezeit?
– Bruttogehalt?
– Arbeitszeiten?
– Überstunden?
– Urlaubstage?
– Beginn des Arbeitsverhältnisses?

Hi Olaf,

mein neuer Arbeitgeber ist die Inchip GmbH. _____
_____
_____
_____
_____
_____
_____
_____
_____
_____

Tschüss, Christian

2 Lass dir doch helfen! – „(sich) lassen" + Verb

W **a** Lesen Sie die Sätze mit „lassen". Welche Bedeutung passt: a oder b? Kreuzen Sie an. `KB: B 2 + ÜB: B 2a–b`

1. Die Chefin lässt den Vertrag noch einmal prüfen.
   - **a** Sie prüft den Vertrag selbst noch einmal.
   - **b** Sie beauftragt jemanden, den Vertrag noch einmal zu prüfen. ☒
2. Christian lässt den Schirm im Auto.
   - **a** Er legt den Schirm ins Auto.
   - **b** Er hat den Schirm im Auto vergessen.
3. Lässt du mich deinen Computer benutzen?
   - **a** Erlaubst du mir, dass ich deinen Computer benutze?
   - **b** Warum kann ich deinen Computer nicht allein benutzen?
4. Lasst ihr euch vom Flughafen abholen?
   - **a** Soll ich euch vom Flughafen abholen?
   - **b** Bittet ihr jemanden, euch vom Flughafen abzuholen?
5. Wir lassen die Kunden nicht warten.
   - **a** Wir machen alles, damit die Kunden nicht warten.
   - **b** Wir bitten die Kunden, nicht zu warten.
6. Warum lasst ihr euch nicht helfen?
   - **a** Warum beauftragt ihr niemanden, euch zu helfen?
   - **b** Warum habt ihr die Hilfe abgelehnt?
7. Bitte lassen Sie das!
   - **a** Das kann hier liegen bleiben.
   - **b** Tun Sie das bitte nicht.

> **Tipp**
> „lassen" wird auch in der Bedeutung von „etwas nicht tun" verwendet, z. B. Lass das! Lasst mich in Ruhe!

W **b** Lesen Sie den Tipp. Wie wird „lassen" in den Sätzen in 2a verwendet? Ordnen Sie zu.

1. Als Vollverb, Sätze: _2_____
2. Wie ein Modalverb, Sätze: _____

> **Tipp**
> „lassen" kann verwendet werden:
> 1. als Vollverb,
>   z. B. Ich lasse meinen PC zu Hause.
> 2. „lassen" + Verb, Struktur wie ein Modalverb,
>   z. B. Ich lasse meinen PC reparieren.

W **c** Ordnen Sie den Fragen die Antworten zu. `ÜB: B 2d–e`

1. Kümmert ihr euch um die Kunden?	a. Nein, das Essen wird gebracht.	1. _d_
2. Nimmst du deinen Hund mit?	b. Ja, gern.	2.
3. Esst ihr in der Kantine?	c. Nein, sie bleiben im Büro.	3.
4. Darf der Praktikant deinen Computer benutzen?	d. Aber natürlich, sofort!	4.
5. Organisiert der Chef die Besprechung selbst?	e. Nein, das macht eine Firma.	5.
6. Nehmen Sie die Unterlagen mit?	f. Nein, er bleibt bei den Nachbarn.	6.
7. Können wir am Freitag früher gehen?	g. Nein, sie wird von der Sekretärin organisiert.	7.
8. Packt ihr selbst die Umzugskartons?	h. Ja, der Chef erlaubt es.	8.

W **d** Formulieren Sie Antworten auf die Fragen aus 2c mit „lassen" wie im Beispiel.

1.  _Natürlich, wir lassen sie doch nicht warten._
2. _____
3. _____
4. _____
5. _____
6. _____
7. _____
8. _____

[W] e Das Perfekt von „lassen". Lesen Sie die Grammatikregeln im Übungsbuch B, Übung 2f, noch einmal und korrigieren Sie die Sätze. ÜB: B 2f

1. Sie hat ihre kleine Schwester alleine zu Hause gelasst.
→ *Sie hat ihre kleine Schwester alleine zu Hause gelassen.*

2. Er hat sich lassen die Bücher mit der Post schicken.
→ _____

3. Ich habe ihn mit meinem Handy telefonieren gelassen.
→ _____

4. Warum habt ihr euch nicht abgeholt lassen?
→ _____

[V] f Schreiben Sie die Fragen aus 2c und Antworten aus 2d im Perfekt. ÜB: B 2g–h

1. ● _____
   ○ _____

2. ● _____
   ○ _____

3. ● _____
   ○ _____

4. ● _____
   ○ _____

5. ● _____
   ○ _____

6. ● _____
   ○ _____

7. ● _____
   ○ _____

8. ● _____
   ○ _____

3 „Liebe Inchipler..." – „-er" oder „-ler" am Wortende

[E] a Lesen Sie die Wörter. Ergänzen Sie den Artikel, die Endung, das Femininum und die Pluralformen.

1. *der* Herstell*er, - / die Herstellerin, -nen*   5. _____ Wissenschaft_____
2. _____ Sport_____   6. _____ Unternehm_____
3. _____ Musik_____   7. _____ Buchhänd_____
4. _____ Muttersprach_____   8. _____ Arbeitnehm_____

[E] b Lesen Sie die Wörter in 3a noch einmal und ergänzen Sie die Regeln.

Nomen mit der Endung „-er" oder „-ler" sind immer _____; Femininendung: _____
Der Plural Maskulinum ist wie der _____; die Pluralendung im Femininum ist „_____".

4 Ich sehe ihn kommen. – „hören", „sehen" + Infinitiv

a Lesen Sie den Tipp und formulieren Sie Sätze mit „sehen", „hören" + Infinitiv wie im Beispiel.

> **Tipp**
> „hören" und „sehen" können mit einem 2. Infinitiv verwendet werden.
> Ich höre den Zug kommen. = Ich höre, dass der Zug kommt.
> Ich sehe den Zug einfahren. = Ich sehe, dass der Zug einfährt.

1. Kommen die Besucher schon? – Ja, ich sehe, dass sie gerade in den Aufzug steigen.
→ *Ja, ich sehe sie gerade in den Aufzug steigen.*

2. Gehen die Kollegen schon in die Besprechung? – Nein, wir sehen, dass sie noch im Flur stehen.
→ _____

3. Ist der Chef noch in seinem Büro? – Ja, ich höre, dass er telefoniert.
→ _____

4. Ist die Sekretärin gut gelaunt? – Bestimmt, ich höre, dass sie lacht.
→ _____

5. Kommt der Techniker heute nicht? – Doch, ich sehe, dass er gerade um die Ecke biegt.
→ _____

6. Ist die Besprechung schon zu Ende? – Nein, ich höre, dass sie noch sprechen.
→ _____

b Das Perfekt von „hören", „sehen" + Infinitiv. Lesen Sie die Sätze und kreuzen Sie in den Regeln an.

1. Wir haben den Bus um die Ecke kommen sehen.
2. Ich habe den Chef laut lachen hören.
1. Das Perfekt von „hören", „sehen" + Infinitiv bildet man mit „haben" + ☐ Partizip Perfekt. ☐ Infinitiv.
2. Im Perfekt stehen „hören", „sehen" ☐ nach ☐ vor dem Infinitiv des 2. Verbs.

c Schreiben Sie die Fragen und Antworten aus 4a im Perfekt in Ihr Heft.

1. Sind die Besucher schon gekommen? – Ja, ich habe sie gerade in den Aufzug steigen sehen.

d „bleiben", „lernen" + Infinitiv. Lesen Sie zuerst den Tipp und formulieren Sie dann Antworten wie im Beispiel.

> **Tipp**
> „bleiben" und „lernen" können auch mit dem Infinitiv von einem 2. Verb verwendet werden. Z. B. Wir bleiben am Eingang stehen. Er lernt Japanisch schreiben. Im Perfekt: Wir sind am Eingang stehen geblieben. Er hat als Kind Japanisch schreiben gelernt.

1. ● Setzt euch doch!
   ○ *Wir bleiben gerne stehen.* _____ (gerne stehen bleiben)

2. ● Sprichst du Fremdsprachen?
   ○ _____ (ja, gerade Russisch sprechen lernen)

3. ● Wollt ihr nicht aufstehen?
   ○ _____ (nein, lieber liegen bleiben)

4. ● Bist du ausgestiegen?
   ○ _____ (nein, sitzen bleiben)

5. ● Sind Sie weiter gefahren?
   ○ _____ (nein, stehen bleiben)

6. ● Spielst du ein Instrument?
   ○ _____ (ja, mit 5 Jahren Klavier spielen lernen)

5 „Tag der offenen Tür" bei Inchip – Einen Textbauplan erstellen

[W] **a** Lesen Sie den Bericht aus einer Dresdner Tageszeitung. Schreiben Sie dann die Aussagen im Schüttelkasten in der richtigen Reihenfolge in den Textbauplan. **ÜB: C 1a**

Schreibtipp: Textbauplan
Teilen Sie den Text in Sinnabschnitte. Finden Sie eine Überschrift für jeden Abschnitt. Lesen Sie die Abschnitte genau und notieren Sie wichtige Stichworte. Erstellen Sie dann mit Ihren Notizen einen Textbauplan.

„Tag der offenen Tür" bei Inchip – viele interessierte Besucher zu Gast

Dresden. Am Samstag öffnete Inchip seine Tore für interessierte Besucher. Geschäftsführer Klaus Schulze begrüßte die zahlreichen Gäste persönlich in dem neuen Firmengebäude, das nach den Plänen des italienischen Architekten Lorenzo Rossi gestaltet wurde.

In seiner kurzen Rede erinnerte Schulze an die Anfänge der Entwicklung und Herstellung von Mikrochips in Dresden, wo „das Herz der Mikroelektronik schlägt". 1961 wurde die „Arbeitsstelle für Molekularelektronik" (AME) gegründet und heute ist Dresden, im „Silicon Saxony", Europas größter Standort der Halbleiterindustrie. Schulze betonte stolz, dass Inchip, 1997 gegründet, heute knapp 3000 Mitarbeiter hat und 80.000 Wafer, Siliziumscheiben für die Herstellung von Mikrochips, pro Monat produziert. Der Geschäftsfüh-

rer nannte als eines der wichtigen Ziele: „Halbleiterprodukte nach Kundenwünschen herzustellen und unseren Kunden individuelle Lösungen anzubieten." Abschließend wies er noch auf die enge Kooperation zwischen Wirtschaft und Wissenschaft hin. Inchip arbeitet eng mit den Schulen und Hochschulen des Landes Sachsen sowie mit den Forschungsinstituten, vor allem den Max-Planck-Instituten und der Fraunhofer-Gesellschaft, zusammen.

Im Anschluss an die Rede des Geschäftsführers hatten die Besucher Gelegenheit, einzelne Abteilungen zu besichtigen. Die meisten interessierten sich für die Produktentwicklung, besonders für die Herstellung von Mikrochips für die Unterhaltungselektronik. Nach den vielen interessanten Informationen erfrischten sich die Gäste in der Cafeteria.

Cafeteria ~~Begrüßung~~ Kooperation: Wirtschaft – Wissenschaft ~~„Tag der offenen Tür"~~ Abteilungen Rede
Anfänge der Herstellung von Mikrochips in Dresden Dresden = Standort Nr. 1 der Halbleiterindustrie in Europa
Besichtigung Inchip: Gründung, Mitarbeiter, Herstellung, Ziele Neues Firmengebäude

Begrüßung   *„Tag der offenen Tür"*

[W] **b** Schreiben Sie mithilfe des Textbauplans und der Redemittel im Kursbuch C, Aufgabe 1b, eine Zusammenfassung des Zeitungsberichts aus 5a in Ihr Heft. **KB: C 1b**

In dem Zeitungsartikel geht es um den „Tag der offenen Tür" bei Inchip.

6 Er kann sehr gut Englisch. – Modalverben als Vollverben

E **a** Lesen Sie zuerst den Tipp und dann die Sätze. Welcher Infinitiv könnte hier fehlen? Ordnen Sie zu.

> **Tipp**
> In einigen Fällen kann man den Infinitiv auch weglassen. Voraussetzung ist aber, dass die Situation völlig klar ist. Z. B. Schon 18 Uhr! Ich muss jetzt weg (gehen).

| fahren | machen | gehen | kaufen | ~~sprechen~~ | kommen |

1. Christian kann gut Englisch. → _sprechen_
2. Sie will unbedingt in die Stadt. → _____
3. Wir können morgen leider nicht. → _____
4. Er muss heute nach Ulm. → _____
5. Ihr dürft das nicht! → _____
6. Ich möchte 1 kg Äpfel. → _____

E **b** In welchen Sätzen können Sie den Infinitiv weglassen? Kreuzen Sie an.

1. Möchtest du einen Orangensaft trinken?   j n
2. Wann wollen wir uns treffen?   j n
3. Sie kann fließend Spanisch sprechen.   j n
4. Wir müssen jetzt nach Hause gehen.   j n
5. Ihr sollt morgen das Produkt testen.   j n
6. Sie dürfen hier nicht parken.   j n
7. Wann wollt ihr nach Bonn fahren?   j n
8. Als Kind mochte ich keinen Käse essen.   j n

E **c** Formulieren Sie die Sätze mit Modalverben.

1. Christians Kollegin Gaby hat sehr gute Französisch-kenntnisse.
   → _Sie kann sehr gut Französisch._

2. Gaby hätte gerne ein neues Sofa.
   → _____

3. Christian und seine Freundin haben die Absicht, in die Semperoper zu gehen.
   → _____

4. Esst ihr gerne Nusstorte?
   → _____

7 Er hat in Dresden arbeiten wollen. – Modalverben im Perfekt

V Lesen Sie den Tipp und dann Christians Notizen. Was hat er die ganze Zeit schon machen wollen bzw. müssen? Schreiben Sie Sätze mit „wollen" oder „müssen" als Vollverb oder als Modalverb + Infinitiv. **KB: C 3 + ÜB: C 4**

> **Tipp**
> Perfekt vom Modalverb als Vollverb: „haben" + Partizip Perfekt vom Modalverb, z. B. Er hat gestern nicht gekonnt. Statt Perfekt von Modalverben + Infinitiv → meist Präteritum: Er hat das Projekt beenden müssen. → Er musste das Projekt beenden.

| ~~in die Semperoper~~ | den Projektplan schreiben | in der Sächsischen Schweiz klettern | die neuen Chips testen |
| mit Gaby eine Dampferfahrt machen | nach Leipzig fahren |

1. _Er hat in die Semperoper gewollt._ _____
2. _____
3. _____
4. _____
5. _____
6. _____

8 Wie schreibt man richtig? – Lange und kurze Vokale

W Arbeiten Sie zu zweit. Ihr Partner / Ihre Partnerin diktiert ein Wort und kreuzt es an. Welches Wort hören Sie: a oder b? Notieren Sie es. Dann diktieren Sie ein Wort, kreuzen es an und Ihr Partner / Ihre Partnerin notiert. Kontrollieren Sie zum Schluss gemeinsam.

1. **a** lasen   **b** lassen
2. **a** stellen   **b** stehlen
3. **a** beten   **b** Betten
4. **a** Staat   **b** Stadt
5. **a** Hüte   **b** Hütte
6. **a** still   **b** Stil

Geschichten und Gesichter Berlins

1 Über Vergangenes schreiben und sprechen

a Lesen Sie den Tipp und ergänzen Sie die richtigen Zeitformen in Marlenes Bericht in der Studentenzeitung über die Feier zur Städtepartnerschaft Berlin – Warschau.
KB: A 2 + ÜB: A 3a

Verwendung der Vergangenheitszeiten

Das **Präteritum** verwendet man hauptsächlich in der geschriebenen Standardsprache, z. B. in Berichten und zusammenhängenden Geschichten.
Das **Perfekt** verwendet man schriftlich und vor allem mündlich für abgeschlossene Ereignisse, die in der Gegenwart noch wichtig sind. Ausnahmen: „sein", „haben", Modalverben, die man meist im Präteritum gebraucht.
Das **Plusquamperfekt** verwendet man, wenn man etwas beschreibt, was vor etwas anderem in der Vergangenheit geschehen ist.

beginnen verwöhnen geben spielen erhalten zeigen stattfinden erzählen ziehen leiten

Die Feier zu „ Partnerzy. 20 Jahre Städtepartnerschaft Berlin-Warszawa" [1] _begann_ mit einem Festakt im Berliner Rathaus. Zwei junge Warschauer Pianisten [2] _____ Stücke vom Barock bis zur Moderne. In den Gymnasien der beiden Städte [3a] _____ ein Quiz über die Partnerstadt [3b] _____. Die Gewinner [4] _____ ihre Preise beim Festakt im Rathaus. Die Ausstellung „Standortwechsel" [5] _____ Polen in Berlin und Deutsche in Warschau. Diese Menschen [6a] _____ in das Partnerland [6b] _____ und [7] _____ in Interviews von ihren Erfahrungen dort. Es [8] _____ noch Ausstellungen zu Architektur, Geschichte, Mode und Kunst. Der bekannte britische Choreograph Royston Maldoom [9] _____ ein Tanzprojekt mit jungen Berlinern und Warschauern. Schließlich [10] _____ deutsche, polnische und französische junge Köche die Gäste mit einem internationalen Menü.

b Marlene erzählt einer Kollegin begeistert von der Feier. Lesen Sie den Bericht in 1a noch einmal und formulieren Sie Sätze im Perfekt. Die Stichpunkte helfen.

1. Festakt im Berliner Rathaus: _Die Feier hat mit einem Festakt im Berliner Rathaus begonnen._
2. Zwei junge Pianisten: _____
3. In Warschauer und Berliner Gymnasien: _____
4. Die Gewinner: _____
5. Royston Maldoom: _____
6. Junge Köche: _____

2 Karl erzählt: „Nachdem wir unsere Tour gemacht hatten, …"

a Karl und sein Freund waren in Berlin. Formulieren Sie Sätze mit „nachdem". KB: A 2 + ÜB: A 3

1. wir – ankommen // wir – ein Hotel suchen
→ _Nachdem wir angekommen waren, haben wir ein Hotel gesucht._

2. wir – ein gutes Hotel finden // wir – uns freuen
→ _____

3. wir – uns ausruhen // wir – zu Marlene fahren
→ _____

4. wir – mit ihr Kaffee trinken // wir – auf dem Ku'damm spazieren gehen
→ _____

5. wir – den langen Spaziergang machen // mir – die Füße ziemlich wehtun
→ _____

W **b** Marlene erzählt, was sie machen will, nachdem sie … gemacht hat. Lesen Sie den Tipp im Übungsbuch A, Übung 3c, und schreiben Sie Sätze mit „nachdem". **ÜB: A 3c**

1. Wir können uns am Abend treffen. (zuerst lernen) → *Nachdem ich gelernt habe, können wir uns am Abend treffen. / Wir können uns am Abend treffen, nachdem ich gelernt habe.*

2. Ich will in Urlaub fahren. (zuerst die Hausarbeit abgeben) → _____

_____

3. Ich möchte ein Praktikum machen. (zuerst mein Studium beenden) → _____

4. Ich will eine Stelle im Ausland suchen. (zuerst das Praktikum absolvieren) → _____

_____

E **c** Lesen Sie den Tipp und formulieren Sie die Sätze mit „als" oder „wenn". **ÜB: A 3c–d**

> Wenn eine Handlung vor einer anderen in der Vergangenheit stattfindet, kann man anstelle von „nachdem" auch „als" verwenden, z. B. Als wir uns ausgeruht hatten, fuhren wir zu Marlene / sind wir zu Marlene gefahren. Wenn eine Handlung vor einer anderen in der Gegenwart oder Zukunft stattfindet, kann man statt „nachdem" auch „wenn" verwenden, z. B. Wenn ich meine Hausarbeit abgegeben habe, will ich in Urlaub fahren.

1. Marlene hat ihre Prüfung bestanden. Danach war sie sehr glücklich.
→ *Als Marlene ihre Prüfung bestanden hatte, war sie sehr glücklich.*

2. Marlene hat ihre Hausarbeit erledigt. Danach ist sie froh.
→ _____

3. Marlene hat ihr Praktikum beendet. Danach will sie im Ausland arbeiten.
→ _____

4. Marlene und Karl haben eine Berlintour gemacht. Danach waren sie ganz kaputt.
→ _____

3 Vorher, nachher und zur gleichen Zeit – Temporalsätze

W **a** Karl und Marlene haben eine Tour durch Berlin gemacht. Was ist vorher passiert, was danach, was gleichzeitig? Kreuzen Sie an: a oder b. **KB: A 3 + ÜB: A 3a–b**

1. Nachdem sie zum Bundestag gefahren waren, sind sie zum Potsdamer Platz gelaufen.
   a zuerst: Potsdamer Platz, danach: Bundestag   **b** (angekreuzt) zuerst: Bundestag, danach: Potsdamer Platz

2. Bevor sie dort gegessen haben, sind sie ein bisschen herumgelaufen.
   a zuerst: essen, danach: herumlaufen   **b** zuerst: herumlaufen, danach: essen

3. Während sie gegessen haben, haben sie viel miteinander geredet.
   a zuerst: essen, danach: reden   **b** essen und gleichzeitig reden

4. Als sie gegessen hatten, sind sie zum Prenzlauer Berg gefahren.
   a zuerst: essen, danach: Prenzlauer Berg   **b** zuerst: Prenzlauer Berg, danach: essen

5. Bevor sie zum Türkischen Markt fuhren, machten sie eine lustige Beobachtung.
   a zuerst: beobachten, danach: fahren   **b** zuerst: fahren, danach: beobachten

6. Bevor Karl nach Hause fährt, will er noch einen Freund besuchen.
   a zuerst: nach Hause, danach: Freund besuchen   **b** zuerst: Freund besuchen, danach: nach Hause

7. Während Marlene nach Hause fährt, denkt sie an den vergangenen Tag.
   a fahren und denken gleichzeitig   **b** zuerst: denken, danach: fahren

b Zeitformen in Temporalsätzen: Lesen Sie die Sätze in 2a – c und 3a noch einmal und ergänzen Sie dann die Regeln.

Temporalsätze mit „als", die einen Zeitpunkt in der Vergangenheit nennen, vgl. Lekt. 12, z. B. Als Karl in Berlin studierte, war die Stadt ganz anders.

1. Im Nebensatz mit „nachdem / als": Plusquamperfekt, im Hauptsatz: Präteritum oder _Perfekt_ .

2. Im Nebensatz mit „nachdem / wenn": Perfekt, im Hauptsatz: _____.

3. Im Nebensatz mit „bevor": alle Zeiten, im _____ die gleichen Zeiten.

4. Im Nebensatz mit „während": alle Zeiten, im Hauptsatz die _____ Zeiten.

c Vor, während / bei und nach dem Test: Was ist da passiert? Ergänzen Sie die Präpositionen an der passenden Stelle.
ÜB: A 4e

Temporale Präpositionen
- „vor", „nach" + Dativ, z. B. In der Uni: „Nach dem Test ist vor dem Test."
- „während" + Genitiv, umgangssprachlich auch + Dativ, z. B. Der Prüfer: „Während des Tests dürfen Sie nicht sprechen." Marlene erzählt: „Während dem Test war es draußen sehr laut."
- „bei" + D., z. B. Beim Test war Marlene nervös.

[1] _Vor_____ dem Test war Marlene sehr aufgeregt, aber [2] _____ der Prüfung wurde sie ganz ruhig. [3] _____ der Prüfung redeten alle aufgeregt durcheinander. [4] _____ der nächsten Prüfung will Marlene früher anfangen zu lernen. [5] _____ der Vorlesungen schreibt sie alles mit. [6] _____ den Vorlesungen schreibt sie ihre Notizen noch einmal ab.

d Schreiben Sie die Präpositionen aus 3c in die Tabelle. ÜB: A 5

Nebensatzkonnektor	nachdem	bevor	während
Adverb	danach,		
Präposition			während + G. / D.

e Gestern und heute. Lesen Sie die Sätze, markieren Sie zuerst die temporalen Adverbien und schreiben Sie sie in die Tabelle in 3d. Formulieren Sie dann Sätze mit „nachdem", „bevor" und „während" in Ihr Heft. Achten Sie auf die Zeitformen.

1. gestern: Marlene zuerst kurz frühstücken, danach schnell zur Uni fahren (nachdem)
2. gestern: sie im Bus sitzen, dabei die Tageszeitung lesen (während)
3. gestern: sie aussteigen, vorher Tageszeitung ihrer Sitznachbarin geben (bevor)
4. gestern: sie Bus wegfahren, dann merken, dass ihre Tasche weg sein (als)
5. heute: Marlene zur Polizei gehen, davor nervös sein (bevor)
6. heute: sie mit dem Polizisten sprechen, währenddessen ruhig werden (während)
7. heute: sie Protokoll unterschreiben, danach froh sein (nachdem)

1. Nachdem Marlene kurz gefrühstückt hatte, ist sie zur Uni gefahren / fuhr sie zur Uni.
5. Bevor Marlene zur Polizei geht, ist sie nervös.

f Geschichte Berlins 1945: Was war im Krieg passiert? Bilden Sie Sätze mit dem Plusquamperfekt Passiv. KB: B 2 + ÜB: B 3

1. sehr viele Menschen getötet → Sehr viele Menschen waren getötet worden.

2. tausende Gebäude zerstört → _____

3. das U-Bahn-Netz stark beschädigt → _____

4. Kunstgegenstände gestohlen → _____

5. die Gedächtniskirche zerstört → _____

W **g** Was passierte, nachdem…? Schreiben Sie Passivsätze mit „nachdem" in Ihr Heft.

1. Die Mauer wurde gebaut. Familien aus Ost und West konnten sich nicht mehr besuchen.
2. Die Mauer wurde abgerissen. Neue Wohngebiete entstanden.
3. Berlin wurde zur Hauptstadt gemacht. Die Regierung und das Parlament zogen nach Berlin um.
4. Vieles wurde renoviert und neu gebaut. Die Stadt wurde immer attraktiver für Touristen.

1. Nachdem die Mauer gebaut worden war, konnten sich Familien aus Ost und West nicht mehr besuchen.

4 **Sie tun so, als ob … – Irreale Vergleiche**

W **a** Lesen Sie die Erzählung „Geschäftstarnungen" im Kursbuch C, Aufgabe 1a, noch einmal. Welche Wörter aus dem Text sind unten gemeint? **KB: C 1a**

| ~~landen~~ | verbergen | sich an jdn. wenden | sich einbilden | scheinen | sich auskennen |

1. zum Schluss an einen Ort kommen: *landen*
2. jemanden ansprechen: _____
3. gut Bescheid wissen: _____
4. etw. glauben, was nicht stimmt: _____
5. so aussehen, als ob …: _____
6. verstecken: _____

E **b** Lesen Sie die Sätze und schreiben Sie, wie es in der Realität ist oder war. Schauen Sie, wenn nötig, im Text im Kursbuch C, Aufgabe 1a, nach.

1. Die Verkäufer im türkischen Imbiss tun so, als wären sie Türken.
   Aber in Wirklichkeit *sind sie keine Türken, sondern Bulgaren.*
2. Sie tun so, als ob sie Türkisch verstehen würden.
   Aber in der Realität _____.
3. Die Kellner im italienischen Nachbarrestaurant taten so, als kämen sie aus Italien.
   Aber _____.
4. Die Angestellten „beim Griechen" taten so, als ob sie in Griechenland geboren wären.
   In Wirklichkeit _____.
5. Wenn ich die Erzählung lese, kommt es mir so vor, als hätte ich das schon mal erlebt.
   Aber in der Realität _____.

E **c** Lesen Sie die Sätze in 4b noch einmal und ergänzen Sie die Regeln.

Irreale Vergleiche bildet man mit dem Konjunktiv _____. Beim irrealen Vergleichssatz mit „als ob" steht das Verb am _____; beim Satz mit „als" steht das Verb direkt _____ „als".

Tipp

real ↔ irreal
Er ist kein Italiener. ↔ Er tut so, als wäre er Italiener.
Er hat viel Geld. ↔ Er tut so, als ob er kein / nicht viel Geld hätte.
Das Geschenk war billig. ↔ Sie tut so, als ob es teuer gewesen wäre.
Sie ist erst 16. ↔ Sie tut so, als ob sie schon 18 wäre.
Er ist noch nicht fertig. ↔ Er tut so, als wäre er schon fertig.
Sie ist schon fertig. ↔ Sie tut so, als wäre sie noch nicht fertig.

E **d** Lesen Sie den Tipp. Bilden Sie dann irreale Vergleichssätze. Achten Sie dabei auf die markierten Wörter und die Zeitformen.

1. Marlene hat viel Zeit. *Sie tut so, als ob sie keine Zeit hätte. / …, als hätte sie nicht viel Zeit.*
2. Karl ist schon alt. Aber er tut so, _____.
3. Marlene hat die Prüfung nicht bestanden. Aber _____.
4. Wolfgang kennt Berlin gut. Aber _____.
5. Karl besucht Marlene selten. Er tut aber so, _____.
6. Der Autor hat die Geschichte nicht selbst erlebt. Aber _____.

5 Zusammenfassen, aber wie?

E Lesen Sie den Tipp zum Schreiben einer Zusammenfassung und schreiben Sie die Redemittel in die Tabelle in Ihr Heft.

Weitere Redemittel finden Sie in Lekt. 30, Übungsbuch C, Übung 2a.

Schreibtipp: Zusammenfassung
I. Struktur: Eine Zusammenfassung besteht aus 3 Teilen:
1. Einleitung: Titel des Textes, Autor/in, Verlag, Erscheinungsort und –datum, Textsorte, Thema des Textes
2. Hauptteil: Beschreibung der wichtigsten Inhalte des Textes, auch die Meinung des Autors dazu, ggf. Beispiele.
3. Schluss: Am Ende ziehen Sie ein Fazit, d.h., Sie schreiben einen Satz, der die Hauptaussage des Textes zusammenfasst. Abhängig von der Textsorte schreiben Sie auch Ihre Meinung zum Text.
II. Sprache: Formulieren Sie Sätze aus dem Text um, z.B. mit Synonymen. Achten Sie auf einen logischen Textzusammenhang: Verwenden Sie passende Konnektoren. Die folgenden Redemittel können helfen.

Die Erzählung „…" handelt von …   Der/Die Autor/in beschreibt, wie …   In dem Text von (Autor) … mit dem Titel „…" geht es darum, dass …   Zusammenfassend kann man sagen, dass …   Als Beispiel/e führt der/die Autor/in … an.   Der/Die Autor/in legt dar, dass …   Außerdem …   Mein Fazit ist: …   Der Text ist (Jahr) … bei (Verlag) … erschienen.   Meiner Ansicht nach …   (Titel) „…" ist eine Erzählung von (Autor)…   Am Ende beschäftigt sich der/die Autor/in mit …

Einleitung	Hauptteil	Schluss
Die Erzählung „…" handelt von …		

6 Eine Zusammenfassung schreiben

E **a** Eine Zusammenfassung der Erzählung „Geschäftstarnungen" im Kursbuch C, Aufgabe 1a: Lesen Sie den Schreibtipp in 5 noch einmal und ergänzen Sie die Lücken mithilfe passender Redemittel aus 5.   KB: C 1a

[1] _„Geschäftstarnungen"_ ist eine Erzählung von Wladimir Kaminer und stammt aus dem Erzählband „Russendisko", der [2] 2002 _____.
[3] _____ ausländischen Restaurantbesitzern oder Angestellten, die so tun, als hätten sie eine andere Nationalität, um die Erwartungen ihrer Kunden zu erfüllen. [4a] _____ _____ Bulgaren in einem türkischen Imbiss [4b] _____, die so tun, als wären sie Türken oder Griechen beim „Italiener", die so tun, als ob sie Italiener wären. [5] _____ der Frage, wer wohl die Deutschen sind, die in einer typisch deutschen Kneipe arbeiten. [6] _____ _____, dass Kaminer hier deutlich macht, welche Überraschungen man in einer multikulturellen Stadt wie Berlin erleben kann.

E **b** Schreiben Sie nun eine Zusammenfassung des Textes „Fehler sind wichtig!" im Kursbuch C (von Lektion 25), Aufgabe 2b, und verwenden Sie die Redemittel aus 5.

In dem Text „Fehler sind wichtig!" aus dem Arbeitsblatt einer DaF-Lehrerin geht es darum, …

7 Wie schreibt man richtig? – „ä" oder „e"?

E Ergänzen Sie „ä" oder „e" in den folgenden Wörtern aus Lektion 27.

„ä" oder „e"?
Manchmal hilft es zu überlegen, woher das Wort kommt, z.B. Wände → Wand; Wende → wenden.

1. W_e_nde
2. Entd__ckung
3. Z__m__nt
4. S__ktor
5. Gal__rie
6. verb__rgen
7. M__chte
8. Vorh__nge
9. Kinderg__rten
10. T__mpel
11. Konsum__nt
12. Preistr__ger
13. Gedenktst__tte
14. Z__hne
15. verf__lscht

Von hier nach dort – von dort nach hier

1 Auswandern – warum? – Eine Mindmap erstellen

W **a** Erstellen Sie eine Mindmap zum Thema „Auswandern". Vergleichen Sie Ihre Ergebnisse im Kurs. Die Texte aus Kursbuch A, Aufgabe 1b, können Ihnen helfen. **KB: A 1b**

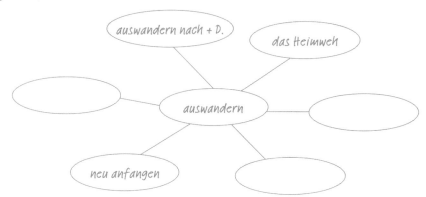

W **b** Schreiben Sie die Wörter in die Tabelle in Ihr Heft.

Nomen / Kompositum	Verb (+ Präposition)	Adjektiv
das Heimweh,	*neu anfangen, auswandern nach + D.,*	

W **c** Lesen Sie die Begriffe und ergänzen Sie „haben" und / oder „machen".

1. Erfahrungen *haben / machen*
2. eine Lehre _____
3. gute Chancen _____
4. Heimweh _____
5. einen Sprachkurs _____
6. Mut _____

2 Michaelas Familie wird in die Schweiz auswandern! – Futur I

W **a** „werden" und seine Funktionen. Welche Funktion hat „werden"? Schreiben Sie Sätze wie im Beispiel und notieren Sie V (Vollverb), P (Passiv) oder F (Futur). **ÜB: A 2c**

Passiv, vgl. Lekt. 17
„werden" als Vollverb, vgl. Lekt. 18

1. Es – Zeit – für Veränderung – werden – für Michaelas Familie
→ *Für Michaelas Familie wurde es Zeit für eine Veränderung.*   V

2. Michaela – Schweiz – neue Arbeit – suchen – werden
→ _____

3. Schweiz – Fachkräfte – suchen – werden
→ _____

4. Michaelas Mann – Chefarzt – vor zwei Monaten – Berner Krankenhaus – werden
→ _____

5. alle Freunde – letzte Woche – von Michaela – informieren – werden
→ _____

6. du – Michaela und ihre Familie – Bern – besuchen – werden?
→ _____

7. das Wiedersehen bei Michaela in Bern – sicher schön – werden
→ _____

b Rui wird nach Brasilien zurückgehen. Lesen Sie die Aussagen. Was drücken sie aus: Vermutung (V), Zuversicht (Z) oder Sicherheit (S)? Kreuzen Sie an.   KB: A 2b-c + ÜB: A 3a

	V	Z	S
1. Rui wird wahrscheinlich nächstes Jahr nach Brasilien zurückgehen.	X		
2. Seine Eltern werden sich ganz sicher darüber freuen.			
3. Mit dem Umzug wird schon alles klappen.			
4. Die Firma wird den Umzug bezahlen.			
5. Seine deutschen Kollegen werden wohl traurig sein, dass er geht.			
6. Seine Frau wird schon einen neuen Job finden.			

c Lesen Sie zuerst den Tipp. Setzen Sie dann die Modalpartikeln bzw. Adverbien in Klammern an die passende Stelle. ÜB: A 3b

> Modalpartikeln stehen nicht am Satzanfang. Sie stehen meist direkt nach dem konjugierten Verb oder nach dem Subjekt, einer Ergänzung bzw. nach Pronomen, z. B. Das ist wohl die beste Entscheidung. / Morgen wird er wohl nicht da sein. / Das hat er dir wohl schon gesagt, oder?
> Ausnahme: „übrigens", z. B. Übrigens, er wird morgen nicht da sein. / Er wird übrigens morgen nicht da sein.
> Die Adverbien „wahrscheinlich", „bestimmt" und „sicher" können am Satzanfang stehen.

1. _Übrigens_____, Clara und ihre Familie wandern nach Schweden _____ aus. (übrigens)

2. Björns Eltern werden _____ froh darüber _____ sein. (bestimmt)

3. Das wird _____ eine _____ große Herausforderung für Clara. (wohl)

4. Ihre deutschen Freunde werden _____ traurig sein, dass sie _____ geht. (sicher)

5. Für ihren Sohn werden _____ sie _____ eine gute Schule finden. (schon)

6. Björn wird _____ alles _____ tun, damit der Neuanfang gelingt. (wohl)

7. Clara und ihre Familie werden _____ sich _____ gut integrieren. (schon)

d Blick in die Zukunft. Wie stellen Sie sich das Leben in 50 Jahren vor? Schreiben Sie eine Prognose (mindestens 10 Sätze) im Futur I. Verwenden Sie auch die Modalpartikeln bzw. Adverbien aus 2c.

> **Schreibtipp: Prognosen / Vorhersagen**
> Prognosen oder Vorhersagen formuliert man meist im Futur I und verwendet beispielsweise die Modalpartikel „wohl" oder die Adverbien „wahrscheinlich" oder „bestimmt", um eine Vermutung oder Sicherheit auszudrücken.

Technik Kommunikation Wohnen Natur Verkehr Verkehrsmittel Arbeiten Lernen

In 50 Jahren wird es wohl noch viel mehr Autos geben, die ... _____

_____

_____

_____

_____

_____

_____

_____

_____

_____

_____

_____

e Tauschen Sie Ihren Text mit einem Partner / einer Partnerin und korrigieren Sie ihn, wo nötig. Besprechen Sie gemeinsam den Inhalt und Ihre Fehler.

E **f** Kommandieren Sie! Lesen Sie den Tipp und formulieren Sie direkte Aufforderungen im Futur I.

> **Tipp**
> Futur I + „wohl" verwendet man für direkte Aufforderungen im informellen familiären Kontext. „Werden" steht auf Position 1, z. B. Wirst du wohl herkommen!

1. Gib mir bitte mein Buch zurück! → *Wirst du mir wohl mein Buch zurückgeben!*
2. Lass mich bitte in Ruhe! → _____
3. Bitte antworte mir endlich! → _____
4. Zieht euch die schmutzigen Schuhe aus! → _____
5. Sei nicht so frech! → _____
6. Macht die Musik leiser! → _____

3 Ist das schon bekannt? – „weil" oder „da"?

V Lesen Sie den Tipp im Übungsbuch A, Aufgabe 5. Formulieren Sie Sätze, die den Grund angeben. Welcher Konnektor passt besser: „weil" oder „da"? **ÜB: A 5**

1. Ihr wisst ja, dass Ricardos Freundin in Berlin lebt. (Ricardo nach Deutschland gehen)
   → *Da seine Freundin in Berlin lebt, geht Ricardo nach Deutschland.*
2. Er kann als Dolmetscher oder Übersetzer arbeiten. (er in Lissabon Deutsch studieren haben)
   → _____
3. Wie bekannt, hat Bea viele Kontakte in Berlin. (sie ihm bei der Jobsuche helfen können)
   → _____
4. Ricardo wird sich in Berlin bestimmt nicht langweilen. (Berlin eine interessante Stadt sein)
   → _____
5. Ricardo kennt die Stadt. (letztes Jahr sein Auslandssemester in Berlin verbringen)
   → _____
6. Er wird vor allem im Winter das portugiesische Klima vermissen. (in Berlin im Winter sehr kalt sein)
   → _____

4 Das geht problemlos. – „brauchen ... zu" + Infinitiv

W **a** Ordnen Sie die Fragen den möglichen Antworten zu. **KB: B 4 + ÜB: B 4a**

1. Könnten Sie mir sagen, wer mir weiterhelfen kann?	a. einfach ein Formular ausfüllen	1. *d*
2. Wo finden wir die Informationen?	b. einfach Benutzernamen und Passwort eingeben	2.
3. Soll ich persönlich bei Ihnen vorbeikommen?	c. nur E-Mail schreiben	3.
4. Wie melde ich mich online an?	d. Service-Nummer wählen	4.
5. Sollen wir einen Brief oder eine Mail schicken?	e. Anruf genügt	5.
6. Ist der Antrag kompliziert?	f. auf Internetseite nachschauen	6.

W **b** Formulieren Sie Antworten mit „brauchen nur ... zu" + Infinitiv wie im Beispiel.

1. *Sie brauchen nur die Service-Nummer zu wählen.*
   _____
2. _____
   _____
3. _____
   _____

4. _____
   _____
5. _____
   _____
6. _____
   _____

W c Schreiben Sie Dialoge: Formulieren Sie die Fragen mit „müssen" und die Antworten mit „brauchen … nicht zu"/ „brauchen kein … zu" + Infinitiv. **KB: B 4 + ÜB: B: 4b**

1. ich Formular ausfüllen? – Nein (Sie)
   ● *Muss ich ein Formular ausfüllen?*
   ○ *Nein, Sie brauchen kein Formular auszufüllen.*

2. wir uns sofort entscheiden? – Nein (Sie)
   ● _____
   ○ _____

3. ich meine Entscheidung begründen? – Nein (Sie)
   ● _____
   ○ _____

4. du Lehrgang machen? – Nein (ich)
   ● _____
   ○ _____

5. wir alle Fragen beantworten? – Nein (ihr)
   ● _____
   ○ _____

6. ich mich vorher anmelden? – Nein (du)
   ● _____
   ○ _____

5 Weder Fisch noch Fleisch! – Zweiteilige Konnektoren

W a Lesen Sie den Tipp. Überlegen Sie, mit welchen zweiteiligen Konnektoren Sie Sätze bilden können. Wählen Sie eine Möglichkeit und notieren Sie: „Elemente gleich wichtig", „2. Element betont", „Beide Elemente treffen nicht zu." **KB: C 3 + ÜB: C 3 a b**

> „sowohl … als auch": Verb im 1. Satz muss identisch mit Verb im 2. Satz sein. Z. B. Die Stadt bietet Natur und sie bietet Kultur. → Sie bietet sowohl Natur als auch Kultur.

1. Bert Stadt sehr mögen – er Umgebung sehr mögen → *Elemente gleich wichtig* _____
   → *Bert mag sowohl die Stadt als auch die Umgebung sehr.* _____

2. Bert nicht aus Tirol kommen – Klara nicht aus Tirol kommen → _____
   → _____

3. Klara gearbeitet haben – sie sogar auch Lehrgänge besucht haben → _____
   → _____

4. Bert Gerichte nicht aufregend finden – er sie nicht preiswert finden → _____
   → _____

5. Berts Chef Österreicher sein – Berts Kollegen Österreicher sein → _____
   → _____

6. In Restaurant nicht nur Tiroler kommen – auch viele Touristen kommen → _____
   → _____

W b Verändern Sie in den Sätzen aus 5a die Stellung der Konnektoren und schreiben Sie sie dann in Ihr Heft.
   1. Sowohl die Stadt als auch die Umgebung mag Bert sehr. _____

6 Wie schreibt man richtig? – Kommasetzung (2)

W Lesen Sie die Sätze und setzen Sie die Kommata an den richtigen Stellen. **ÜB: Phon. 1a**

1. Nicht nur Klara, sondern auch ihren Mitschülern gefallen Innsbruck und die Umgebung sehr gut, weil Innsbruck sowohl viel Natur als auch gute Einkaufsmöglichkeiten bietet.
2. Bert mag weder das Theater noch die Oper aber er geht sehr gerne ins Kino.
3. Bert überlegt ob er einen Aufbaulehrgang machen soll weil er danach Touristikkaufmann wäre und nicht nur ein Unternehmen sondern auch ein Hotel leiten könnte.
4. Bert wird sich sowohl in Innsbruck als auch in der Umgebung bewerben obwohl er nicht nur den Chef sondern auch seine Kollegen sehr nett findet.

Interessieren Sie sich für Politik?

1 Das politische System der Bundesrepublik Deutschland

W **a** Welche Erklärung passt? Ordnen Sie zu. KB: A 2a + ÜB: A 1

1. die Bundesversammlung	a. der Leiter der Bundestagssitzungen	1. c
2. der Bundespräsident	b. der Regierungschef	2.
3. der Bundestag	c. der Bundeskanzler und die Minister	3.
4. der Bundesrat	d. ein Mitglied der Regierung	4.
5. das Bundesverfassungsgericht	e. die Versammlung, die den Bundespräsidenten wählt	5.
6. der Bundeskanzler	f. das Staatsoberhaupt der Bundesrepublik Deutschland	6.
7. der Bundestagspräsident	g. ein Teilstaat der Föderation	7.
8. das Kabinett	h. die Vertretung der Länder	8.
9. ein Minister	i. das deutsche Parlament	9.
10. ein Bundesland	j. das oberste Gericht der Bundesrepublik	10.

W **b** Die Bundesländer und ihre Hauptstädte. Tragen Sie die Nummern der Landeshauptstädte in die Karte ein. KB: A 3a + ÜB: A 2a

1. Berlin
2. Bremen
3. Dresden
4. Düsseldorf
5. Erfurt
6. Hamburg
7. Hannover
8. Kiel
9. Magdeburg
10. Mainz
11. München
12. Potsdam
13. Saarbrücken
14. Schwerin
15. Stuttgart
16. Wiesbaden

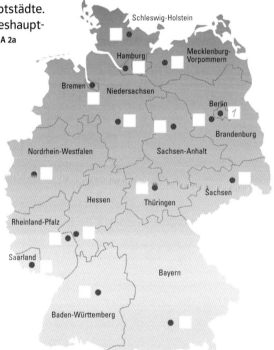

W **c** Der Bundesrat. Ergänzen Sie den Text. ÜB: A 3

Der Bundesrat besteht zurzeit aus 69 Mitgliedern der Länderregierungen. Die Länder ha_ben___ je na_____ Einwohnerzahl entw_____ 3, 4, 5 oder 6 Stim_____. Die_____ können sie n_____ einheitlich abg_____. Die Haupta_____ des Bundesrates best_____ darin, b_____ der Gesetz_____ mitzuwirken. B_____ mehr a_____ der Häl_____ der Ges_____ muss d_____ Bundesrat zust_____. Das si_____ vor all_____ Gesetze, die wich_____ Interessen d_____ Länder betr_____. Wenn sich Bund_____ und Bund_____ bei ei_____ Gesetzesvorschlag nicht ein_____ können, mu_____ der Vermittlun_____, der a_____ Mitgliedern d_____ Bundesrats und d_____ Bundestags bes_____, einen Kompr_____ finden. B_____ Verfassungsänderungen si_____ 2/3 d_____ Stimmen d_____ Bundesrates notwe_____. Der Bund_____ wählt für jew_____ ein Ja_____ seinen Präsi_____. Der Bundesrat_____ vertritt d_____ Bundespräsidenten, wenn die_____ verhindert i_____.

W **d** Vergleichen Sie Ihr Ergebnis aus 1c nun mit dem Infotext in Kursbuch A, Aufgabe 3a. KB: A 3a

2 Handout – leicht gemacht! (1)

W **a** Lesen Sie die Schreibtipps zur Erstellung eines Handouts im Übungsbuch A, Übung 6a, noch einmal und beantworten Sie die Fragen. ÜB: A 6a

1. Wie kann man ein Handout noch bezeichnen? *Man nennt es auch „Handreichung".*

2. Wozu erstellt man ein Handout? _____

3. Wie ist das Handout aufgebaut? _____

4. Wann verteilt man es an die Zuhörer? _____

W **b** Lesen Sie die Schreibtipps noch einmal und korrigieren Sie die Fehler.

1. ~~Mindestens 4 Seiten~~ → *1 bis maximal 4 Seiten* _____

2. Ausformulierte Sätze → _____

3. Quellenangaben gleich am Anfang → _____

4. Name des Verfassers zum Schluss → _____

5. Punkt 1 der Gliederung: Titel des Vortrags, Name der Veranstaltung, Datum → _____

3 Alles dreht sich um die Wahlen! – Wortfeld „Wahl"

W **a** Ergänzen Sie die Wortfamilie.
KB: B 2 + ÜB: B 1

wählen

Wählerinnen

W **b** Lesen Sie den Informationstext im Kursbuch B, Aufgabe 2, noch einmal und ergänzen Sie die Notizen. KB: B 2

1. 5 Prinzipien der Wahlen: *allgemein, unmittelbar,* _____

2. Wahlberechtigte: _____

3. Wahlpflicht: _____

4. Wahlsystem: _____

5. Anzahl der Stimmen, die jeder Wähler abgeben kann: _____

6. Erststimme: _____

7. Zweitstimme: _____

8. „5-Prozent-Klausel": _____

4 Je mehr Stimmen, desto mehr Sitze – „je … desto / umso"

W **a** Korrigieren Sie die Sätze in Ihrem Heft. KB: B 3 + ÜB: B 2a – c

1. Je hoch der Wahlsieg ist, desto glücklicher ist der Gewinner.
2. Umso schneller sind die Stimmen ausgezählt, je kleiner der Wahlkreis ist.
3. Je mehr Kandidaten gibt es, desto spannender ist die Wahl.
4. Je bekannter ein Kandidat ist, umso viele Chancen hat er.
5. Desto höher eine Partei verloren hat, umso größer ist ihre Enttäuschung.

1. Je höher der Wahlsieg ist, desto glücklicher ist der Gewinner.

[W] **b** Bilden Sie Sätze mit „je … desto/umso" wie im Beispiel.

1. Bundesland: viele Einwohner haben – viele Stimmen im Bundesrat haben

   → *Je mehr Einwohner ein Bundesland hat, desto mehr Stimmen hat es im Bundesrat.*

2. Entscheidung: wichtig sein – man lange darüber nachdenken müssen

   → _____

3. Politiker: beliebt sein – groß seine Wahlchancen sein

   → _____

4. Kandidat: überzeugend reden können – viel Erfolg bei den Wählern haben

   → _____

5. Wähler: unzufrieden sein – Kritik stark sein

   → _____

5 Das ist alles, was er weiß. – Relativpronomen „was"/„wo(r)-"

[V] **a** Lesen Sie den Tipp im Übungsbuch B, Übung 4a, noch einmal und formulieren Sie Relativsätze wie im Beispiel. Achten Sie auch besonders auf die Präpositionen. **KB: B 5 + ÜB: B 4**

1. es nichts geben // du dir wünschen?

   → *Gibt es nichts, was du dir wünschst?*

2. es vieles geben // ich wollen mich einsetzen für

   → _____

3. das etwas sein // er wollen nicht verstehen

   → _____

4. es kaum etwas geben // sie nicht sorgen für

   → _____

5. das wirklich alles sein // ihr wissen?

   → _____

6. es nichts geben // ich ihm nicht erzählen

   → _____

7. es etwas geben // wir können uns richten nach?

   → _____

8. das alles sein // er können sich erinnern an?

   → _____

[V] **b** „Das" oder „was"? Formulieren Sie Relativsätze.

1. Viele Leute – gegangen – zur Wahl // Politiker nicht erwartet haben

   → *Viele Leute sind zur Wahl gegangen, was die Politiker nicht erwartet hatten.*

   _____

2. Vor den Wahlen – Parteien oft vieles versprechen //

   nach den Wahlen – nicht immer erfüllen können

   → _____

3. Jack – am Anfang nichts verstanden haben // das deutsche Wahlsystem betreffen

   → _____

   _____

4. Das Gespräch // Jack mit Rolf geführt haben // ihm sehr geholfen haben

   → _____

   _____

5. Ein unbekannter Kandidat – Wahl gewonnen haben // alle überrascht haben

   → _____

   _____

6. Es – das beste Wahlergebnis sein // Partei jemals erreicht haben

   → _____

6 Wahlen in Deutschland. Handout – leicht gemacht! (2)

Ⓥ Ergänzen Sie das Handout zu Ihrem Vortrag „Wahlen in Deutschland". Denken Sie auch an die Nummerierung. Die Informationstexte im Kursbuch B, Aufgabe 2, im Kursbuch C, Aufgabe 1b, und die Tipps aus 2a – b oben helfen.
KB: B 2 + KB: C 1b + ÜB: A: 6a

absolute Mehrheit der Stimmen im Bundestag notwendig ~~Gliederung~~ Quellenangaben Sitzverteilung Verhältniswahl Wahl eines Wahlkreiskandidaten Wahlergebnis in Prozent Wahlprinzipien Wahlsystem Zweitstimme

Titel: Wahlen in Deutschland

Referent / Referentin: _____

Kurs: _____

Datum: _____

Gliederung _____

1. _____ : allgemein, unmittelbar, frei, gleich und geheim

2. _____ : Mischung aus Mehrheitswahl und Verhältniswahl

2.1. Erststimme: _____ (Mehrheitswahl)

_____ _____ : Wahl der Landesliste einer Partei (_____)

3. Bundestagswahl

_____ _____ : auf Basis der Zweitstimme berechnet

_____ Regierungsbildung: _____

4. Wahlergebnis 2009

_____ _____

_____ im 17. Deutschen Bundestag

_____ :

Kilimann, Kotas, Skrodzki, 45 Stunden Deutschland,
Stuttgart 2008: Klett, www.tatsachen-ueber-deutschland.de

7 Statt des Kaffees nehme ich lieber Tee. – „statt" + Genitiv

Ⓦ **a** Was macht Jack? Lesen Sie den Tipp im Übungsbuch C, Übung 2a, noch einmal und formulieren Sie Sätze wie im Beispiel. **ÜB: C 2a**

~~Spaziergang~~ Tee englische Zeitung Postkarte Rockmusik Großeinkauf am Freitag | deutsche Zeitung Kaffee samstags auf den Markt SMS klassische Musik ~~Fahrradtour~~

1. *Statt eines Spaziergangs macht er lieber eine Fahrradtour.*

2. _____

3. _____

4. _____

5. _____

6. _____

b Lesen Sie den Tipp und formulieren Sie die Sätze aus 7a um.

1. *Anstatt einen Spaziergang zu machen, macht er eine Fahrradtour.*

2. _____

3. _____

4. _____

> "(an)statt" … "zu" + Infinitiv: Mit "(an)statt … zu" + Infinitiv formuliert man Nebensätze. Sie drücken eine Alternative aus, z. B. (An)statt ins Kino zu gehen, trifft sich Jack mit Freunden. / Jack trifft sich mit Freunden, (an)statt ins Kino zu gehen.

5. _____

6. _____

8 Manche Leute haben einiges zu tun – "manch-" und "einig-"

a Indefinitartikel "manch-" und "einig-". Ergänzen Sie die Endungen. KB: C 3 + ÜB: C 3

Singular:

1. manch*er* Kandidat
2. für manch____ Kandidaten
3. von manch____ Kandidaten
4. trotz manch____ Kandidaten

5. manch____ Gesetz
6. ohne manch____ Gesetz
7. mit manch____ Gesetz
8. wegen manch____ Gesetzes

9. manch____ Wählerin
10. für manch____ Wählerin
11. von manch____ Wählerin
12. trotz manch____ Wählerin

Plural:

1. manch____ Kandidaten / Gesetze / Wählerinnen
2. gegen manch____ Kandidaten / Gesetze / Wählerinnen
3. zu manch____ Kandidaten / Gesetze / Wählerinnen
4. statt manch____ Kandidaten / Gesetze / Wählerinnen

5. einig____ Mandate
6. ohne einig____ Mandate
7. mit einig____ Mandaten
8. wegen einig____ Mandate

b Indefinitartikel und -pronomen "manch-" und "einig-". Lesen Sie den Tipp im Übungsbuch C, Übung 3b, noch einmal und streichen Sie die falschen Formen. ÜB: C 3b

In Deutschland gibt es immer mehr Wechselwähler, was

[1] einige / mancher Stammwähler nicht versteht. Stammwähler

sind zwar auch mit [2] manchem / einiges nicht immer einverstanden,

aber sie bleiben meistens "ihrer" Partei treu. Vor allem junge Wähler sind typische Wechselwähler und legen

sich erst nach [3] einiger / einige Zeit auf eine Partei fest. Es gibt jedoch auch [4] manche / manchen, die lieber

Wechselwähler bleiben. Viele Wähler sind auch nach den Wahlen enttäuscht, weil [5] mancher / manche Politiker

ihre Wahlversprechen nicht halten.

> Zahl ist SPD, Kopf ist CDU.

9 Wie schreibt man richtig? – "k" oder "ck"?

Ergänzen Sie "k" oder "ck".

1. die Politi*k*____
2. der Bli____
3. die Republi____
4. die Demo____ratie
5. die Fra____tion
6. der Ausdru____
7. der Aspe____t
8. der De____el
9. die Wir____ung
10. die Korre____tur
11. der Konta____t
12. das Schi____sal
13. das Pa____et
14. das Pä____chen
15. das Stü____

Hauptperson Deutsch

1 Die deutsche Sprache – Wortfeld „Sprache"

Ergänzen Sie die Wortfamilie in Ihrem Heft. Arbeiten Sie ggf. mit dem Wörterbuch. KB: A 1 – 2

Nomen + „-sprache"	„Sprach-" + Nomen	Adjektiv + „-sprachig"/ „-sprachlich"	Präfix + „sprechen"
die Standardsprache,	der Sprachkurs,	deutschsprachig,	aussprechen,

2 Sprachentwicklungen – Internationalismen

Lesen Sie die Wortanfänge und ergänzen Sie die passenden Suffixe. KB: A 2 + ÜB: A 4b – c

1. die Situa_tion___
2. der Speziali_____
3. die Nationali_____

4. die Motiva_____
5. das Train_____
6. dialekt_____

7. der Tour_____
8. die Aktivi_____
9. internation_____

10. das Zentr_____
11. repräsentat_____
12. die Diskuss_____

3 Über die deutsche Sprache – Präpositionen

a Innerhalb und außerhalb (von) + Dativ oder Genitiv. Schreiben Sie mit den Elementen Sätze wie im Beispiel in Ihr Heft. ÜB: A 2

1. innerhalb Deutschland – es viele Dialekte geben
2. außerhalb Deutschland – viele Menschen Deutsch sprechen
3. innerhalb kurze Zeit – man in einem Intensivkurs Deutsch lernen können
4. außerhalb Deutschkurs – man viel Deutsch sprechen müssen

1. Innerhalb von Deutschland / Innerhalb Deutschlands gibt es viele Dialekte.

Präpositionen mit Genitiv, vgl. Lekt. 23, 29

b Erinnern Sie sich noch? Lesen Sie die Aussagen und ergänzen Sie die passende Präposition mit Dativ oder Genitiv. ÜB: C 1

~~aufgrund~~ wegen trotz nach während ~~statt~~ bei zur aufgrund mit

1. _Statt_____ deutsch_er___ Wörter verwenden heute viele Deutsche englische Ausdrücke.
2. _Aufgrund der_ Einflüsse aus anderen Sprachen gibt es im Deutschen viele Veränderungen.
3. _____ d_____ Analyse von mittelalterlichen Texten entdeckten die Wissenschaftler viele Wörter aus dem geistigen Leben.
4. _____ d_____ Übernahme von Fremdwörtern bleibt deren Schreibweise oft erhalten.
5. _____ ihr____ lateinisch____ Herkunft kann man die Geschichte mancher Wörter erklären.
6. _____ d_____ Anpassung an die deutsche Schreibweise kann man die Herkunft vieler Wörter oft nicht mehr erkennen.
7. _____ ihr____ „Eindeutschung" haben die Lehnwörter oft eine andere Bedeutung.
8. _____ d_____ „eingedeutschten" Schreibweise kommt oft auch die Anpassung an die deutsche Grammatik.
9. _____ dies___ Entwicklung hat sich die deutsche Sprache nicht grundsätzlich geändert.
10. _____ Pflege der deutschen Sprache wurden Vereine gegründet.

ⓦ c Lesen Sie zuerst den Tipp und dann den Infotext zum Thema „Fremdwörter".
Was passt: „aufgrund" oder „aufgrund dessen"? Markieren Sie.

Tipp

aufgrund + G. = wegen
aufgrund dessen = daher, deswegen

1. Bei den Fremdwörtern handelt es sich oft um Internationalismen. Aufgrund dessen / Aufgrund können Sprecher verschiedener Sprachen sich besser verstehen. 2. Computer und Internet gehören heute zum Alltag der Menschen. Aufgrund dessen / Aufgrund kommen viele englische Fremdwörter aus diesem Bereich. 3. Bei der Übernahme von Fremdwörtern bleibt deren Schreibweise oft erhalten. Aufgrund dessen / Aufgrund gibt es oft Schwierigkeiten mit der Rechtschreibung. 4. Aufgrund dessen / Aufgrund deren Anpassung an die Grammatikregeln sind viele Muttersprachler verunsichert. 5. Aufgrund dessen / Aufgrund der neuen Verwendung der Fremdwörter bekommen diese auch eine neue Bedeutung.

ⓥ d Formulieren Sie die Sätze mit „aufgrund dessen" aus 3c mit „daher / deshalb / deswegen". Schreiben Sie in Ihr Heft.

1. Deshalb können Sprecher verschiedener Sprachen sich besser verstehen.

ⓦ e Lesen Sie den Zeitungsartikel und ergänzen Sie die passenden Präpositionen.

am | auf | auf | aufgrund | aus | bei | für | für | in | in | mit | nach | seit | statt | über | über | wegen | innerhalb | vor | von

„Weitere Informationen finden Sie [1] *auf* unserer Homepage ..." – [2] *über* die Probleme und Chancen des Sprachwandels

„Weitere Infos erhalten Sie auf unserer Homepage". Wie oft haben Sie diesen Satz [3] _____ einer persönlichen Auskunft schon gehört? „Homepage", „chatten", „simsen" oder „googeln" sind Fremdwörter, die [4] _____ dem englischen Sprachraum [5] _____ unsere Alltagssprache Eingang gefunden haben. [6] _____ einer Studie glauben 65 % aller Deutschen, dass diese Anglizismen einen negativen Einfluss [7] _____ die deutsche Sprache haben. Viele der Befragten meinen, dass die jungen Deutschen [8] _____ ihrer schnellen Kommunikation per SMS und E-Mail immer größere Probleme [9] _____ der deutschen Sprache haben. Vor allem ältere Bürger meinen, dass es [10] _____ dieser Entwicklung zu immer mehr Fehlern in Rechtschreibung und Kommasetzung kommt. Doch [11] _____ einer Befragung von Schülern stellte sich auch heraus, dass [12] _____ vielen Elternhäusern immer weniger auf eine gute Ausdrucksweise geachtet wird. Daher setzen sich auch Politiker [13] _____ die Rettung der deutschen Sprache ein. [14] _____ deren Pflege wurden auch Vereine gegründet, wie z. B. die Gesellschaft für deutsche Sprache. Ihr Vorsitzender regt sich [15] _____ diese Ängste nicht auf. Klagen über den Sprachverfall gibt es nämlich [16] _____ dem antiken Griechenland und Ägypten, vor allem von der älteren Generation, denn jede Sprache verändert sich [17] _____ kurzer Zeit. Auch sind die Rechtschreibprobleme der Jüngeren heute nicht größer als [18] _____ 20 Jahren. Und tatsächlich ist der Wortschatz von heute größer und lebendiger als früher, denn durch die Arbeit [19] _____ Computer und das Verfassen [20] _____ SMS wird mehr gelesen und geschrieben. Der Duden zählte 1880 noch 27.000 Wörter, 2009 waren es schon 135.000. Und jedes Jahr kommen etwa 1000 Wörter dazu.

ⓦ f Sortieren Sie die Präpositionen aus 3e in die Tabelle.

Wechselpräpositionen	Präpositionen mit		
	Akkusativ	Dativ	Genitiv
auf unserer Homepage, *über die Probleme,*			

E g So viele Präpositionen. Lesen Sie den Artikel aus 3e noch einmal. Finden Sie zu jeder Kategorie ein Beispiel.

1. Zeitangaben: _____

2. Ortsangaben: _____

3. Wechselpräpositionen: *Weitere Informationen erhalten Sie auf unserer Homepage.*

4. Verben + Präpositionen: _____

5. Angaben: _____

4 Wenn wir Sätze bauen ... – Haupt- und Nebensätze

W a Erinnern Sie sich noch? Ergänzen Sie die Tabelle.

Nebensatz-konnektor	anstatt ... zu	wenn	weil / da	um ... zu	bevor	nachdem	während	obwohl
Präposition + Nomen	*statt + G.*							

E b Lesen Sie die Sätze und ergänzen Sie die Konnektoren aus 4a. Die Sätze aus 3b können Ihnen helfen.

1. _Anstatt_ deutsche Wörter _zu_ verwenden, gebrauchen heute viele Deutsche englische Ausdrücke.

2. _____ es Einflüsse aus anderen Sprachen gibt, gibt es im Deutschen viele Veränderungen.

3. _____ die Wissenschaftler mittelalterliche Texte analysierten, entdeckten sie viele Wörter aus dem geistigen Leben.

4. _____ Fremdwörter übernommen werden, bleibt deren Schreibweise oft erhalten.

5. Man kann die Geschichte mancher Wörter erklären, _____ man deren lateinische Herkunft kennt.

6. Man kann die Herkunft vieler Wörter oft nicht mehr erkennen, _____ sie sich an die deutsche Schreibweise angepasst haben.

7. _____ die Lehnwörter „eingedeutscht" worden sind, haben sie oft eine andere Bedeutung.

8. _____ sich die Wörter an die deutsche Schreibweise anpassen, kommt oft auch die Anpassung an die deutsche Grammatik.

9. _____ diese Entwicklung stattgefunden hat, hat sich die deutsche Sprache nicht grundsätzlich geändert.

10. Es wurden Vereine gegründet, _____ die deutsche Sprache _____ pflegen.

5 Länder und deren Sprachen – Demonstrativpronomen

W a Lesen Sie die Stichwörter in Klammern und schreiben Sie Mini-Dialoge mit Frageartikel und Demonstrativpronomen wie im Beispiel.

1. *Welchen Dialekt sprichst du? – Diesen / Den hier* _____ (Dialekt sprechen)

2. _____ (Gedicht gefallen)

3. _____ (Wörter nicht verstehen)

4. _____ (mit Wörterbuch arbeiten)

5. _____ (in Sprachkurs gehen)

6. _____ (Kursbuch deins sein)

b Im Deutschkurs. Demonstrativpronomen im Genitiv. Lesen Sie zuerst den Tipp und dann die Sätze. Auf welchen Satzteil verweist das Demonstrativpronomen? Kreuzen Sie an.

Demonstrativpronomen im Genitiv können auf den 1. Satzteil zurückverweisen, z. B. Wir lernen Englisch und dessen Regeln. Oder sie können auf den 2. Satzteil vorwärts verweisen, z. B. Die Zahl derer, die Englisch lernen, steigt ständig an.

	Satzteil	
1. Die Zahl derer, die einen Deutschkurs besuchen wollen, nimmt zu.	1	☒
2. Ich kenne die Kursleiterin und deren Kollegen gut.	1	2
3. Ich arbeite mit einem Deutschbuch und dessen Zusatzmaterialien.	1	2
4. Der Wortschatz dessen, der die Vokabeln lernt, nimmt zu.	1	2
5. Die Prüfung derer, die sich zur Abschlussprüfung angemeldet haben, fällt aus.	1	2
6. Das darf nicht auf Kosten derer gehen, die so viel gelernt haben.	1	2

6 Sprachen, derer ich mächtig bin – Relativsätze im Genitiv

a „dessen / deren / derer". Wo sind sie Relativpronomen (R), wo Demonstrativpronomen (D) im Genitiv? Lesen Sie die Sätze und kreuzen Sie an. KB: A 3 + ÜB: A 5a–b

	R	D
1. Wir trafen die bekannte Sprachwissenschaftlerin und deren Assistenten.	☐	☒
2. Sie kennt Deutschland und dessen Dialekte gut.	☐	☐
3. Das Deutsche zu beherrschen, ist die Aufgabe derer, die in Deutschland leben.	☐	☐
4. Die muttersprachliche Kompetenz dessen, der eine Sprache lernt, steigt.	☐	☐
5. Deutsch ist eine Sprache, deren Einflüsse bekannt sind.	☐	☐
6. Ein Wort, dessen Form erhalten geblieben ist, heißt Fremdwort.	☐	☐
7. Eine Sprache, deren Wortschatz sich nicht verändert, gibt es nicht.	☐	☐

b Lesen Sie die Sätze und ergänzen Sie das Relativpronomen im Genitiv.

Die Relativpronomen „dessen" und „derer" verwendet man auch, wenn das Verb, die Präposition oder ein Ausdruck im Relativsatz eine Genitivergänzung erfordern.

1. Englisch ist eine Sprache, _deren_ Einfluss auf andere Sprachen sehr bedeutend ist.

2. Der englische Wortschatz, _____ Umfang ca. 600.000 Wörter hat, ist sehr groß.

3. Die Wörter, _____ er sich bedient, stammen aus der Fachsprache.

4. Das Buch, wegen _____ ich in die Bibliothek gefahren bin, ist ausgeliehen.

5. Die Schriftstellerin, _____ wir gedenken, veröffentlichte ihre Werke in mehreren Sprachen.

6. Der Roman, _____ ich mich entsinne, wurden aber auf Deutsch verfasst.

7. Die Sprache, _____ sie mächtig ist, ist die bildhafte poetische Sprache.

c Der Krimi-Autor. Lesen Sie die Sätze und ergänzen Sie das Relativpronomen im Genitiv.

Das Nomen, das auf die Relativpronomen „dessen" und „deren" folgt, hat keinen Artikel.

1. Ich traf den bekannten Krimi-Autor, bei _dessen_ Frau ich einen Malkurs mache.

2. Er wohnt bei den Schneiders, mit _____ Nachbarn ich manchmal Tennis spiele.

3. Sein Bruder, in _____ Abteilung ich gearbeitet habe, ist Journalist.

4. Er hat eine Kollegin, bei _____ Mutter ich lange gewohnt habe.

5. Ich kenne auch seinen besten Freund, auf _____ Party ich seine Frau kennengelernt habe.

6. Seine Frau ist die Malerin, für _____ Malkurs ich mich angemeldet habe.

d Deutsch lernen oder studieren. Bilden Sie Relativsätze und schreiben Sie sie in Ihr Heft.

Relativsätze, vgl. Lekt. 16, 19

1. Jolanta besucht einen Intensivkurs. In dem Intensivkurs lernt sie sehr viel.
2. Sie hatte eine deutsche Großmutter. Sie gedenkt ihrer toten Großmutter oft.
3. Dan Wang studiert jetzt auch in Deutschland. Ich habe bei ihrer Schwester Chinesisch gelernt.
4. Sie wohnt bei einer deutschen Familie. Sie versteht sich gut mit der Familie.
5. Amir kommt aus Kenia. In Kenia gibt es viele deutsche Firmen.
6. Amir hat einen deutschen Tandempartner. Er korrigiert die Texte seines Tandempartners.

1. Jolanta besucht einen Intensivkurs, in dem sie sehr viel lernt.

7 Wie lerne ich Sprachen? – Strategien im Test

a Lesen Sie die Fragen. Was passt nicht: a, b oder c? Kreuzen Sie an.

1. Sie wollen neuen Wortschatz lernen.
   - **a** Sie wiederholen ihn täglich.
   - **b** Sie wiederholen ihn einmal in der Woche.
   - **X** Sie wiederholen ihn kurz vor dem Unterricht.
2. Wie lernen Sie neuen Wortschatz?
   - **a** Sie schreiben die neuen Wörter ab.
   - **b** Sie notieren Synonyme / Antonyme.
   - **c** Sie notieren die Wortfamilie.
3. Wie stellen Sie neuen Wortschatz dar?
   - **a** Sie zeichnen eine Mindmap.
   - **b** Sie machen einen Textbauplan.
   - **c** Sie schreiben ein Wortnetz.

4. Sie möchten Notizen machen. Was ist wichtig?
   - **a** Sie machen ausführliche Notizen.
   - **b** Sie verwenden Abkürzungen.
   - **c** Die Struktur ist kurz und klar.
5. Was ist bei einer Zusammenfassung wichtig?
   - **a** Der genaue Textbauplan ist wichtig.
   - **b** Einleitung, Hauptteil, Schluss sind wichtig.
   - **c** Die eigene Meinung ist sehr wichtig,
6. Wie können Sie Wiederholungen vermeiden?
   - **a** Sie verwenden Relativsätze.
   - **b** Sie erstellen einen Textbauplan.
   - **c** Sie gebrauchen Pronomen.

b Sie wollen einen Text schreiben. Wie gehen Sie vor? Bringen Sie die Arbeitsschritte in die richtige Reihenfolge.

passende Redemittel notieren
1 Aufgabenstellung genau lesen
Textzusammenhang auf Logik prüfen
Wiederholungen vermeiden
Stil: formell oder informell
Text ausformulieren

> Schreibtipp: Wie schreibe ich einen Text?
> Wenn Sie einen Text schreiben wollen, beginnen Sie nicht sofort mit dem Schreiben, sondern überlegen Sie zuerst genau, welche Arbeitsschritte sinnvoll sind.
>
> Aufbau: Stichworte zum Text notieren
> Textsorte und ihre Merkmale reflektieren
> Rechtschreibung und Zeichensetzung prüfen

c Was planen Sie nach dem Deutschkurs? Wie lernen Sie weiter? Schreiben Sie einen kurzen Text in Ihr Heft und beachten Sie die Arbeitsschritte aus 7b.

Nach dem Deutschkurs möchte ich ...

8 Wie schreibt man richtig? – Zwei oder drei Konsonanten?

Lesen Sie die Wörter und ergänzen Sie zuerst entweder die Wörter in Teil A oder Teil B. Diktieren Sie Ihrem Partner / Ihrer Partnerin Ihre Wörter. Ihr Partner / Ihre Partnerin diktiert Ihnen dann seine / ihre Wörter. Kontrollieren Sie zum Schluss gemeinsam.

> Wenn drei gleiche Konsonanten aufeinander folgen, dann handelt es sich oft um Komposita, z. B. der Schluss-Satz → Schlusssatz

A.
1. Schlu__ss__satz
2. Standard____eutsch
3. Mis____verständnis
4. Kabinet____isch
5. Stof____arbe
6. Satz____eichen

B.
1. Bet__tt__uch
2. Mit____eilung
3. Schif____ahrt
4. Wahlkreis____ieger
5. Kompromis____uche
6. Ab____uchung

Name: _____

1 Reisevorbereitungen

a Im Reisebüro. Hören Sie das Gespräch im Kursbuch B, Aufgabe 1b. Wer verwendet welches Argument? Schreiben Sie N für Nicole und K für Frau Kirchner.

je 1 Pkt.

| | 5 |

1. Der PKW ist praktisch, wenn man viel Gepäck hat. K
2. Alte PKWs eignen sich nicht für lange Reisen.
3. Die Zugfahrt ist angenehm, weil man z. B. lesen kann.
4. Die Zugfahrt ist anstrengend, wenn es keinen Direktzug gibt.
5. Umsteigen macht die Fahrt lang.
6. Die Flüge sind kurz und preiswert.

b Was passt zusammen? Verbinden Sie.

je 0,5 Pkt.

| | 2,5 |

1. einen Flug	a. abfahren	1. c
2. einen Schaden	b. bestätigen	2.
3. auf dem Zielflughafen	c. buchen	3.
4. von Gleis 3	d. erfragen	4.
5. eine Verbindung	e. landen	5.
6. eine Reservierung	f. melden	6.

c Formulieren Sie höfliche Bitten / Fragen, Vorschläge / Ratschläge oder Wünsche mit dem Konjunktiv II.

je 1,5 Pkt.*

| | 10,5 |

1. Sie: Flug um 9:20 Uhr buchen (Bitte) → *Könnten Sie bitte den Flug um 9:20 Uhr buchen?*

2. ihr: Direktflug am Abend nehmen (Vorschlag) → _____

3. ich: mehr Urlaubstage haben (Wunsch) → _____

4. ich: Sie etwas fragen (Frage) → _____

5. ich: ein eigenes Auto haben (Wunsch) → _____

6. du: den Schlafwagen nehmen (Rat) → _____

7. wir: eine Urlaubsliste schreiben (Vorschlag) → _____

8. Sie: unseren Briefkasten leeren (Bitte) → _____

d Lesen Sie die Relativsätze mit „wo" und formulieren Sie sie neu wie im Beispiel.

je 1,5 Pkt.*

| | 7,5 |

1. Das Reisebüro, wo ich meine Reise gebucht habe, ist sehr gut.
→ *Das Reisebüro, in dem ich meine Reise gebucht habe, ist sehr gut.*

2. Der Flughafen, wo ich lande, liegt in Zürich.
→ _____.

3. Das Hotel, wo ich heute übernachte, ist sehr ruhig.
→ _____.

4. Die WG, wo ich mit drei Mitbewohnerinnen wohnen möchte, liegt nah bei Vaduz.
→ _____.

5. Aber die Bank, wo ich arbeite, liegt mitten im Zentrum von Vaduz.
→ _____.

6. Vom siebten Stock, wo die Kantine ist, hat man einen tollen Blick auf die Berge.
→ _____.

* Bewertungskriterien s. Lösungen

DaF kompakt B1 Intensivtrainer
Wortschatz und Grammatik
ISBN 978-3-12-676192-5

Klett

Komparativ: prädikativ → attributiv. Formulieren Sie die Sätze um wie im Beispiel.

je 1,5 Pkt.*

| | 7,5 |

Sie findet, dass ...
1. lange Autofahrten anstrengender sind. (die Reiseart)
   Sie findet, dass lange Autofahrten die anstrengendere Reiseart sind.

2. eine Zugfahrt umweltfreundlicher ist. (die Art des Reisens)
   Sie findet, dass _____.

3. die Sehenswürdigkeiten unwichtiger sind. (ein Reisegrund)
   Sie findet, dass _____.

4. der Kontakt mit den Bewohnern interessanter ist. (das Reisemotiv)
   Sie findet, dass _____.

5. ein mehrmonatiger Auslandsaufenthalt spannender ist. (die Erfahrung)
   Sie findet, dass _____.

6. dass langsame Züge besser sind. (Verkehrsmittel)
   Sie findet, dass _____.

Sie suchen Reisepartner und Reisepartnerinnen. Schreiben Sie (6 Sätze), wie Sie gern reisen. Die Stichworte im Schüttelkasten helfen.

je 2 Pkt.

| | 12 |

Verkehrsmittel X ja, weil ...   Verkehrsmittel Y nein, weil ...   viel / wenig Gepäck   Reisedauer: kurz / lang   Unterkunft: wie übernachten   Reiseziel: Sehenswürdigkeiten / Menschen / ...

Am liebsten reise ich mit ... _____
_____
_____
_____
_____
_____

Probleme mit dem Gepäck

Elke schreibt eine E-Mail über ihre Probleme mit dem Gepäck. Ergänzen Sie die Wörter aus dem Schüttelkasten.

je 0,5 Pkt.

| | 5 |

~~Koffer~~ Konto beschädigt Flughafen Kosten repariert vertauscht Schadensmeldung Überweisung Gepäckband Bankleitzahl

Liebe Sarah,
mein [1] *Koffer* _____ ist wieder in Ordnung! Er wurde nämlich auf dem Flug hierher
[2] _____. Das habe ich bemerkt, als ich ihn vom [3] _____
nahm. Ich habe gleich auf dem [4] _____ erfahren, was ich tun sollte.
Mein Koffer wurde [5] _____ und die Fluggesellschaft hat die
[6] _____ übernommen. Ich musste nur die [7] _____,
das Flugticket und die Reparaturrechnung schicken. Zuerst hatte ich leider eine falsche
[8] _____ angegeben und die [9] _____ hat nicht geklappt.
Aber jetzt ist das Geld endlich auf meinem [10] _____. Einer Kollegin ist
etwas Schlimmeres passiert: Ihr Koffer wurde [11] _____! Auf bald, Elke

| | 50 |

* Bewertungskriterien s. Lösungen

DaF kompakt B1 Intensivtrainer Wortschatz und Grammatik ISBN 978-3-12-676192-5

Name: _____

1 Es ist ein Unfall passiert...

a Schauen Sie sich die Zeichnungen an. Schreiben Sie einen kurzen Unfallbericht (5 Sätze). Die Stichworte im Schüttelkasten helfen.

je 2 Pkt.

10

Kreuzung mit Ampel | Radfahrer: geradeaus fahren | Autofahrer (grün): überholen | Radfahrer: stürzen, liegen bleiben | Zusammenstoß Auto (grün) mit Auto (grau) auf der Gegenfahrbahn | Rettungswagen kommen

Gestern gab es gegen 10.30 Uhr in der Paulstraße einen Unfall. ... _____

_____

_____

_____

_____

b „worden" oder „geworden"? Ordnen Sie die Wörter zu.

je 1 Pkt.

10

befragt | unaufmerksam | müde | überholt | gesund | sauer | operiert | überrascht | beobachtet | wütend | krank | kritisiert

1. Das Unfallopfer ist ... worden: *befragt,* _____

_____

2. Das Unfallopfer ist ... geworden: *unaufmerksam,* _____

_____

c Das Partizip Perfekt als Adjektiv: Ergänzen Sie die Endungen.

je 0,5 Pkt.

4

1. einen verletzt*en* Radfahrer verbinden
2. vor der geöffnet___ Fahrertür stehen
3. mit der versichert___ Fahrerin sprechen
4. die ausgefüllt___ Meldung senden
5. auf eine interviewt___ Zeugin warten
6. die Reparatur der zerbrochen___ Scheiben bezahlen
7. den entlassen___ Patienten befragen
8. den entstanden___ Schaden bezahlen
9. aus einem gemeldet___ Unfall lernen

d Lesen Sie den Text und ergänzen Sie die Verben.

je 1 Pkt.

5

stammen | sinkt | gestiegen | gefallen | betrug | gesunken

Die Zahlen in der Grafik [1] *stammen* _____ aus den Jahren 1955 bis 2009. Die Zahl der Verkehrstoten [2] _____ im Jahr 1955 noch fast 15.000. Danach ist die Anzahl immer wieder [3] _____ bis zu über 20.000 Verkehrstoten im Jahr 1969. In den 70er-Jahren ist die Anzahl dann kontinuierlich [4] _____ und nach einem kleinen Anstieg Anfang der 90er-Jahre bis auf unter 5.000 im Jahr 2009 [5] _____. Alle hoffen, dass die Verkehrstotenzahl weiter [6] _____.

DaF kompakt B1 Intensivtrainer
Wortschatz und Grammatik
ISBN 978-3-12-676192-5

e Hören Sie die Befragung des Autofahrers durch einen Polizisten nach dem Unfall im Kursbuch A, Aufgabe 2a. Ergänzen Sie das Gespräch.

je 1 Pkt.

11

Polizist: Herr Jünger, können Sie bitte den [1] *Unfall* kurz schildern?

Robert: Also, als ich schon an der Kreuzung war, ist die Ampel gelb geworden. Aber die

[2] _____ hat ja einen grünen [3] _____, deshalb kann man ja auch bei

Gelb abbiegen. Ich habe nach [4] _____ geschaut, ob jemand kommt. Da war

[5] _____. Ich wollte gerade rechts abbiegen, da kam der Radfahrer sehr, sehr schnell

von [6] _____ auf dem Radweg und wollte [7] _____ an mir vorbeifahren. Ich

wollte ausweichen und hab' gleich eine [8] _____ gemacht, aber es hat nichts genützt.

Ich habe nur einen lauten [9] _____ gehört. Durch das starke [10] _____ bin

ich auf die linke Fahrbahn geraten. Da bin ich mit dem VW Golf zusammengestoßen. Aber das war

nicht so schlimm, weil wir beide ja nur sehr [11] _____ gefahren sind. Ich habe nur ein

paar kleine Schnittverletzungen am [12] _____. Ich bin gleich ausgestiegen und bin zu

dem Radfahrer gelaufen. [...]

2 Verkehrsunfälle und die Folgen

a Tina hat auch einen Unfall beobachtet. Lesen Sie ihre Mail und beantworten Sie die Fragen.

je 1,5 Pkt.

6

Liebe Agnes,
heute Vormittag habe ich einen Unfall beobachtet. Es war schrecklich! Ein Fußgänger, der neben mir stand, ist einfach bei Grün losgegangen und hat nicht nach links geschaut. Der Autofahrer hatte auch Grün und ist sehr schnell rechts abgebogen. Dabei hat er den Fußgänger zu spät gesehen und konnte nicht rechtzeitig bremsen. Der Fußgänger ist gestürzt, konnte aber gleich wieder aufstehen. Er hatte wirklich Glück und ist unverletzt geblieben. Der Autofahrer hat sich entschuldigt. Er sah sehr schockiert aus. Eine andere Fußgängerin hat beobachtet, dass der Autofahrer telefoniert hat und daher unaufmerksam war. Sie hat den Autofahrer laut beschimpft. Das Handy habe ich nicht gesehen. Ich denke, dass der Fußgänger nicht aufgepasst hat. Danach bin ich vorsichtig gewesen, denn ein Unfall kann schnell mal passieren. LG, Tina

1. Was war der Fehler des Fußgängers?
   Er hat nicht auf den Rechtsabbieger geachtet.

2. Was war der Fehler des Autofahrers?
   _____

3. Wer hat mehr Schuld am Unfall?
   _____

4. Was hat die Fußgängerin beobachtet?
   _____

5. Wie hat die Fußgängerin reagiert?
   _____

b Was ist kaputt? Ergänzen Sie das „sein-Passiv".

je 1 Pkt.

4

Beim Unfall ...
1. wurde die Motorhaube beschädigt. → *ist die Motorhaube beschädigt.*
2. wurde die Stoßstange eingedrückt. → _____
3. wurden alle Scheiben zerbrochen. → _____
4. wurden die Zeugen interviewt. → _____
5. wurde der Fahrer verletzt. → _____

50

DaF kompakt B1 Intensivtrainer
Wortschatz und Grammatik
ISBN 978-3-12-676192-5

Name: _____

1 Was wollen die drei Freundinnen gemeinsam unternehmen?

a Hören Sie das Gespräch im Kursbuch B, Aufgabe 3a. Beantworten Sie die Fragen.

je 1,5 Pkt.

| | 7,5 |

1. Welches Stück schlägt Irina zuerst vor? *Das Musical „König der Löwen".* _____
2. Was denkt Antonia über Musicals? _____
3. Warum schlägt Irina „Kalt erwischt in Hamburg" vor? _____
4. Was erwartet Antonia von dem Krimi? _____
5. Was möchte Irina vor dem Krimi machen? _____
6. Wie denkt Eleni über den Plan? _____

b Alternativen formulieren. Schreiben Sie die Sätze.

je 1,5 Pkt.

| | 7,5 |

1. er: am Abend Freunde treffen / länger arbeiten → *Entweder trifft er am Abend seine Freunde oder er arbeitet länger.*
2. sie: am Wochenende den Hafen besichtigen / zu Hause bleiben → _____
3. er: zu Mittag mit Kollegen essen / einen Spaziergang machen → _____
4. du: heute ins Kino mitkommen / früh schlafen gehen → _____
5. sie: morgen mit dem Schiff fahren / den Zug nehmen → _____
6. ihr: beim Theaterstück mitspielen können / im Publikum sitzen → _____

2 Eine Stadt kennenlernen

a Formulieren Sie Infinitivsätze wie im Beispiel.

je 1 Pkt.

| | 6 |

~~eine Hafenrundfahrt machen~~ spazieren gehen Schiffe ansehen zu spät kommen die Darsteller kennenlernen einen Stadtbummel machen ins Theater gehen

1. Sie findet es spannend, *eine Hafenrundfahrt zu machen.* _____
2. Es ist unangenehm, _____.
3. Er findet es interessant, _____.
4. Wir haben nicht vor, _____.
5. Es macht Spaß, _____.
6. Wir haben oft Lust, _____.
7. Wir haben keine Lust, _____.

b Fomulieren Sie Infinitivsätze im Passiv wie im Beispiel.

je 1 Pkt.

| | 5 |

~~verstehen~~ beobachten anrufen besuchen einladen kritisieren

1. Es ist wichtig, *verstanden zu werden.* _____
2. Manche haben Lust, _____.
3. Für sie ist es gut, _____.
4. Er findet es schrecklich, _____.
5. Er findet es blöd, _____.
6. Sie lieben es, _____.

DaF kompakt B1 Intensivtrainer
Wortschatz und Grammatik
ISBN 978-3-12-676192-5

Klett

c Begründen Sie, was Sie an einer (neuen) Stadt mehr interessiert und was weniger.
Schreiben Sie 7 Sätze. Die Stichworte im Schüttelkasten helfen.

je 2 Pkt.

14

Kultur (Sehenswürdigkeiten, Theater …)   Architektur (Kirchen, historische Bauwerke …)
Geschichte (Museen, alte Gebäude …)   Natur (Parks, Wälder …)   Nachtleben (Bars, Partys …)
Einkaufsbummel (Markt, Geschäfte …)   …

Ich persönlich reise gern in fremde Städte, weil …

_____

_____

_____

_____

_____

_____

_____

d Ergänzen Sie die Endungen vor Nomen im Genitiv.

je 0,5 Pkt.

4

1. der Name ein_*es*_ norddeutsch_*en*_ Flusses

2. das Ausflugsziel begeistert____ Besucher

3. ein Theaterstück besonder____ Qualität

4. ein Stück d____ unbekannt____ Autors

5. das Ende ein____ erfolgreich____ Reise

6. die Öffnungszeit d____ neu____ Museums

3 **Eine Theaterkritik**

a Bringen Sie die Textteile in die richtige Reihenfolge.

je 1 Pkt.

4

    Es geht um den Turmbläser des Hamburger „Michel", der zu Beginn des Stücks verschwunden
    ist. Die Sorge um ihn wird zur spannenden Frage auch für das Publikum: Was ist mit ihm
    passiert?
    Auch die anderen Darsteller – bis auf die ein wenig langweilige Journalistin (Mara Menge) –
    sind sehr gut. Wo „die Fische" sind, soll hier nicht verraten werden. Wer dabei an die Elbe denkt,
    … aber sehen Sie selbst: Noch an drei Abenden bis Ende Mai in der Studiobühne.
    Dann aber wird es „abenteuerlich": Wir werden Zeugen, wie Ole, der Ex-Freund von Klaas'
    Freundin Nele, Klaas aus Eifersucht töten will. Denkt der Kranführer Ole wirklich, dass Nele zu
    ihm zurückkehren würde?

1 „Kalt erwischt in Hamburg" ist ein Krimi von Cordula Schurig. Die Theatergruppe Delikt! hat aus
    dem Text ein Theaterstück gemacht, bei dem die Personen von fünf Studierenden dargestellt
    werden.
    Ole bedroht auch Nele und den Pastor des „Michel", weil die beiden nach Klaas fragen. Zum
    Glück kann Nele, die stark in Selbstverteidigung ist, Ole besiegen. Damit rettet sie sich und den
    Pastor. Die Szene ist von der Nele-Darstellerin Nelly Main überzeugend gespielt.

b Lesen Sie die Kritik. Was passt: a oder b? Kreuzen Sie an.

je 0,5 Pkt.

2

1. Der Kritiker	☒ findet den Beginn spannend.	**b** ist anfangs besorgt.
2. Der Kritiker fragt, ob Ole wirklich	**a** an Neles Rückkehr glaubt.	**b** Klaas töten will.
3. Der Kritiker findet gut, dass	**a** sie den Pastor besiegt.	**b** Nele sich selbst verteidigt.
4. Der Kritiker	**a** findet fast alle Darsteller gut.	**b** lobt alle Darsteller.
5. Der Kritiker	**a** verrät das Ende des Stücks.	**b** gibt einen falschen Hinweis auf die Elbe.

50

DaF kompakt B1 Intensivtrainer
Wortschatz und Grammatik
ISBN 978-3-12-676192-5

Name: _____

1 Rund um die Post

a Ordnen Sie die passende Bezeichnung zu.

je 0,5 Pkt.

| 5 |

1. Person, die die Briefe zustellt	a. der Absender 1. *h*
2. Person, die das Paket bekommt	b. die Briefmarke 2. ☐
3. Person, die den Brief schickt	c. der Briefumschlag 3. ☐
4. Zeit, die das Paket unterwegs ist	d. das Formular 4. ☐
5. Blatt, das man ausfüllt	e. der Empfänger 5. ☐
6. was man für den Brieftransport bezahlt	f. das Postamt 6. ☐
7. wo der Brief eingeworfen wird	g. das Porto 7. ☐
8. was man auf den Brief klebt	h. die Postbotin 8. ☐
9. wo man Pakete aufgibt oder abholt	i. die Luftpost 9. ☐
10. wo man den Brief hineinsteckt	j. die Sendungsdauer 10. ☐
11. Die Post wird mit dem Flugzeug gebracht.	k. der Postkasten 11. ☐

b Ergänzen Sie die Sätze mit den Wörtern aus dem Schüttelkasten.

je 1 Pkt.

| 9 |

~~irgendwann~~ irgendetwas irgendjemand irgendwie irgendwo irgendwoher nirgendwohin niemals niemanden nirgends

1. Kommt der Postbote gleich am Morgen? – Nein *irgendwann* _____ später am Vormittag.

2. Wer könnte das Paket annehmen? – _____ ist bestimmt zu Hause.

3. Weißt du, wer den Brief geschickt hat? – Nein, ich kenne _____, der so schreibt.

4. Wohin kann ich die Beschwerde schicken? – Ohne genaue Adresse _____.

5. Wo ist der nächste Postkasten? – _____ in der Sperlgasse.

6. Ist schon mal ein Brief nach 4 Wochen angekommen? – Nein, _____.

7. Was soll ich schreiben? – Ich weiß nicht, denk dir _____ aus.

8. Wo sind die Briefmarken versteckt? – _____! Du musst neue kaufen.

9. Dieser Brief ist wieder falsch zugestellt. – Richtig, der ist _____ bei uns gelandet, ich weiß auch nicht wie.

10. So eine schöne Marke! – Die kommt _____ aus Amerika.

c Markus beschwert sich. Hören Sie das Gespräch im Kursbuch C, Aufgabe 3a, und beantworten Sie die Fragen.

je 1 Pkt.

| 10 |

	r	f
1. Markus hat einen falschen Brief von der Post in seinem Briefkasten gehabt.	r	~~f~~
2. Das ist in diesem Monat schon mehrmals passiert.	r	f
3. Er hat den Brief zur Post gebracht.	r	f
4. Der Postangestellte versteht nicht, warum Markus so sauer ist.	r	f
5. Man soll auf den Brief „falsch zugestellt" schreiben und ihn dann in den Briefkasten werfen.	r	f
6. Die Briefzustellung ist die Aufgabe der Post.	r	f
7. Der zuständige Postbote ist krank.	r	f
8. Markus soll dem Postboten eine Nachricht schicken.	r	f
9. Auf der Webseite der Post kann man sich beschweren.	r	f
10. Der Postangestellte will mit irgendeinem Briefträger sprechen.	r	f
11. Markus will sich nun schriftlich beschweren.	r	f

DaF kompakt B1 Intensivtrainer
Wortschatz und Grammatik
ISBN 978-3-12-676192-5

d „An Ihrer Stelle ..." Geben Sie Ratschläge.

je 1,5 Pkt.*

4,5

> **Probleme:** 1. Öfter kommen falsche Briefe.
> 2. Die Zeitungen werden nicht zugestellt.
> 3. Der Paketschein ist weg.   4. Das Paket ist
> noch nicht angekommen.

> **mögliche Ratschläge:** im Internet nachsehen
> sich beim Postboten beschweren   den
> Kundenservice anrufen   beim Postamt
> nachfragen

1. *Ich würde mich an Ihrer Stelle beim Postboten beschweren.* _____
2. _____
3. _____
4. _____

e Formulieren Sie die Ratschläge in 1d mit irrealen Konditionalsätzen.

je 1,5 Pkt.

4,5

1. *Wenn öfter falsche Briefe kämen, würde ich mich an Ihrer Stelle beim Postboten beschweren.*
2. _____
3. _____
4. _____

2 Die Briefmarke – Einen Informationstext verstehen

a Lesen Sie den Informationstext und beantworten Sie die Fragen

je 1 Pkt.

3

> Bis Mitte des 19. Jahrhunderts konnte die Zustellgebühr vom Absender oder vom Empfänger bezahlt
> werden. Wenn der Empfänger den Brief nicht annehmen wollte, ging die Sendung zurück an den Absender.
> Die Gebühr bezahlte man nach der Menge des Briefpapiers und der Entfernung. Da es keine genauen
> Karten gab, war das schwierig. 1837 schlug der Engländer Sir Rowland Hill eine einzige Inlandsgebühr vor,
> nur das Gewicht war entscheidend. Die Gebühr sollte vom Absender mit einer Marke bezahlt werden. Sein
> Vorschlag wurde 1839 vom britischen Parlament angenommen. Die erste Marke war im Mai 1840 die
> „One Penny Black" mit dem Profil der englischen Königin.

1. Wer bezahlte bis ins 19. Jh. die Zustellgebühr? *Der Absender oder der Empfänger.* _____
2. Wonach bezahlte man die Gebühr? _____
3. Was waren die Ideen von Sir Hill? _____
4. Wer war auf der ersten Marke? _____

b Schreiben Sie eine Geschichte (7 Sätze) über einen Brief, der viele Jahre später ankommt.
Die Stichworte im Schüttelkasten helfen.

je 2 Pkt.

14

> Absender/in? Empfänger/in? Marke falsch? Adresse? Zustelldauer? Briefinhalt? …

_____
_____
_____
_____
_____
_____
_____

50

* Bewertungskriterien s. Lösungen

DaF kompakt B1 Intensivtrainer
Wortschatz und Grammatik
ISBN 978-3-12-676192-5

Name: _____

1 Ausbildungswege

a Lesen Sie den Infotext und ergänzen Sie die Wörter aus dem Schüttelkasten.

je 0,5 Pkt.

| 4,5 |

~~Sechzigerjahre~~ | Jurastudium | Ingenieurwesen | Meistertitel | Hochschulen | Bachelor | Studium | Studierenden | Schwerpunkte | Berufsleben

Fachhochschule (FH): Seit Ende der [1] _Sechzigerjahre_ entstanden zahlreiche Fachhochschulen, die sich heute auch [2] „_____ für Angewandte Wissenschaften" nennen. Zurzeit gibt es ca. 200 Fachhochschulen. Das Studium an einer FH ist praxisorientiert und bereitet die [3] _____ auf einen schnellen Einstieg ins [4] _____ vor. Mindeststudien-voraussetzung ist die Fachhochschulreife oder ein [5] _____ mit guten Noten. Ein [6] _____ an einer FH dauert in der Regel 6 Semester für den [7] _____ und anschließend 4 Semester für den Master. Die [8] _____ liegen in den Bereichen Wirtschaft, [9] _____, Gestaltung, Sozialwesen und Tourismus. Ein Medizin- oder [10] _____ kann man an einer FH nicht absolvieren.

b Hören Sie den Vortrag im Kursbuch B, Aufgabe 1d. Was ist passt: a oder b? Kreuzen Sie an.

je 1 Pkt.

| 5 |

1. Ein duales Studium kann man
 a̶ an speziellen Hochschulen absolvieren.　**b** an allen Hochschulen absolvieren.
2. Bei dualen Studiengängen gibt es
 a zwei verschiedene Lernorte.　**b** Praxisphasen an der Hochschule.
3. Beim Unternehmen muss man
 a eine Reifeprüfung absolvieren.　**b** einen Ausbildungsvertrag machen.
4. Studierende eines dualen Studiengangs
 a haben Praxiserfahrung ohne Einkommen.　**b** verdienen schon beim Studieren Geld.
5. In den Semesterferien arbeiten die Studierenden
 a im Unternehmen.　**b** stressfrei zu Hause.
6. Wer Karriere machen will
 a muss studieren.　**b** kann verschiedene Wege gehen.

2 Verschiedene (Karriere-)Wünsche

a Formulieren Sie irreale Wünsche mit den Angaben aus dem Schüttelkasten. Beginnen Sie mit dem Verb oder mit „wenn".

je 1 Pkt.

| 7 |

~~eigene Chefin sein~~ | endlich viel Geld haben | Medizin studieren dürfen | bald Karriere machen
Schauspieler/in werden können | einen Preis bekommen | selbstständig sein | viel Freizeit haben

1. _Wäre ich doch meine eigene Chefin!_ _____
2. Wenn _____
3. _____
4. Wenn _____
5. _____
6. Wenn _____
7. _____
8. Wenn _____

DaF kompakt B1 Intensivtrainer
Wortschatz und Grammatik
ISBN 978-3-12-676192-5

© Ernst Klett Sprachen GmbH, Stuttgart 2012 | www.klett.de/dafkompakt | Alle Rechte vorbehalten.
Von dieser Druckvorlage ist die Vervielfältigung für den eigenen Unterrichtsgebrauch gestattet.
Die Kopiergebühren sind abgegolten.

b Lesen Sie die Biografie und ordnen Sie die Zwischenüberschriften zu.

je 1 Pkt.

5

a. Ein klarer Berufswunsch   b. Der eigene Weg   c. Es läuft nicht gut.   d. Der alte Traum   e. Alles kommt anders.   f. Eine gute Idee

1. Dirk K. ist in Berlin geboren und aufgewachsen. Er liebt Musik und lernt schon als Kind Gitarre und Klavier. Nach dem Abitur will er unbedingt Musik studieren.   *a*
2. Doch sein Vater, der ein Restaurant besitzt, wird krank. Dirk hat keine Wahl. Er muss es übernehmen, denn seine Mutter ist zu alt und sein Bruder lebt im Ausland.
3. Er kocht aber nicht gern und hat kein Interesse an seinem Job. Das Restaurant geht daher immer schlechter und Dirk möchte es schließen.
4. Ein Freund schlägt ihm schließlich vor, einen richtigen Koch zu suchen und selbst Musik im Lokal zu machen.
5. Seine Eltern sind gegen den Plan, aber Dirk bleibt dabei. Er findet eine sehr gute Köchin und spielt anfangs jeden Abend allein Klavier.
6. Inzwischen gibt es eine richtige Bühne im Lokal und es treten verschiedene Musiker auf. Da alles gut geht, überlegt Dirk, doch noch nebenbei zu studieren.

c Schreiben Sie (9 Sätze) über Ihre Ausbildung bisher und Ihre Zukunftspläne. Die Stichworte im Schüttelkasten helfen.

je 2 Pkt.

18

geboren / aufgewachsen in …   Interessen   Schule   Abschluss   Ausbildung / Studium   Praktikum
Berufsziel   weitere Ausbildung   in ein paar Jahren …

Geboren bin ich …

_____

_____

_____

_____

_____

_____

d Verbinden Sie die Sätze mit den Wörtern in Klammern.

je 1,5 Pkt.

10,5

1. Ich will in Berlin studieren. Dort muss ich Studiengebühren bezahlen. (obwohl)
→ *Ich will in Berlin studieren, obwohl ich dort Studiengebühren bezahlen muss.*

2. Ich studiere Psychologie. Ich will später nicht als Psychologe arbeiten. (trotzdem)
→ _____

3. Ich liebe die Schauspielerei. Mein Geld verdiene ich als Ärztin. (zwar … aber)
→ _____

4. Ich habe einen neuen Job. In Zukunft will ich im Ausland studieren. (dennoch)
→ _____

5. Ich habe Berufserfahrung. Ich muss ein weiteres Praktikum machen. (trotz)
→ _____

6. Ich habe ein sehr gutes Diplom. Ich finde keinen guten Job. (zwar … aber)
→ _____

7. Ich habe 2 Semester in Berlin studiert. Ich spreche nicht gut Deutsch. (dennoch)
→ _____

8. Ich habe kein Abitur. Ich möchte Kunst studieren. (trotzdem)
→ _____

50

DaF kompakt B1 Intensivtrainer
Wortschatz und Grammatik
ISBN 978-3-12-676192-5

Name: _____

1 Freiwilligenarbeit – für wen passt das?

a Formulieren Sie die Antworten in Klammern mit „um … zu" + Infinitiv oder „damit".   je 1 Pkt.

1. Wozu kann man bei einem Freiwilligeneinsatz mitmachen? (zum Schutz der Umwelt beitragen)

   Man kann bei einem Freiwilligeneinsatz mitmachen, *um zum Schutz der Umwelt beizutragen.*

   _____

2. Wozu kann man Freiwilligenarbeit im Ausland leisten? (fremde Menschen kennenlernen)

   Man kann Freiwilligenarbeit im Ausland leisten, _____

   _____.

3. Wozu werden Freiwillige gesucht? (mehr Bauern Bio-Landwirtschaft machen können)

   Es werden Freiwillige gesucht, _____

   _____.

4. Wozu kann man bei verschiedenen Betrieben arbeiten? (unterschiedliche Erfahrung sammeln)

   Man kann bei verschiedenen Betrieben arbeiten, _____

   _____.

5. Wozu gibt es das Bergwaldprojekt? (große Gruppen gemeinsam für den Wald arbeiten)

   Das Bergwaldprojekt gibt es, _____

   _____.

b Ihr Freund / Ihre Freundin möchte bei einem Freiwilligeneinsatz mitmachen. Stellen Sie ihm / ihr   je 2 Pkt.
5 passende Fragen.

10

1. *Wo willst du arbeiten? In Deutschland oder lieber im Ausland?* _____

2. _____

3. _____

4. _____

5. _____

6. _____

2 Frau Egger ruft Bernd an. Was gibt es zu tun?

a Hören Sie das Telefongespräch im Kursbuch B, Aufgabe 2d, und beantworten Sie die Fragen.   je 1,5 Pkt.

1. Frau Egger stellt am Anfang eine Nachfrage. Worum geht es dabei?   **7,5**

   Sie ist nicht sicher, dass Bernd ohne Sackgeld 3 Monate bleiben will.

2. Wofür sorgt die Familie Egger?

   _____

3. Was ist Frau Egger besonders wichtig?

   _____

4. Warum hat Frau Egger eine besonders positive Einstellung zu WWOOF?

   _____

5. Wann beginnt Bernds Freiwilligeneinsatz bei Familie Egger?

   _____

6. Was will Bernd am Ende des Gesprächs noch wissen?

   _____

DaF kompakt B1 Intensivtrainer
Wortschatz und Grammatik
ISBN 978-3-12-676192-5

b Verwenden Sie die Partizipien wie Adjektive. Formen Sie um wie im Beispiel.

je 1 Pkt.

4

1. Die Arbeit ist getan. → nach _getaner_____ Arbeit
2. Die Erfahrung ist befriedigend. → mit _____ Erfahrung
3. Die Arbeit war anstrengend. → wegen der _____ Arbeit
4. Die Anmeldung ist erledigt. → Ohne _____ Anmeldung geht es nicht.
5. Der Bewerber ist abgelehnt. → der _____ Bewerber

c Was passt: a oder b? Kreuzen Sie an.

je 0,5 Pkt.

2

1. Die	☒ fressenden	b gefressenen	Tiere standen im Stall.
2. Der in der Vorwoche	a herstellende	b hergestellte	Käse liegt im Keller.
3. Die Geburt eines Kalbs war das	a aufregendste	b aufgeregteste	Erlebnis.
4. Bei der	a kommenden	b gekommenen	Ernte hilft er mit.
5. Die Bäuerin bringt für alle das	a zubereitende	b zubereitete	Essen.

d Bilden Sie Fragen zu den unterstrichenen Elementen mit dem Fragewort „wo(r)…" oder Präposition + Fragewort.

je 1 Pkt.

5

1. Er verlässt sich auf die Tipps. → _Worauf verlässt er sich?_____
2. Die Landwirtin wartet auf die WWOOFer. → _____
3. Sie gewöhnen sich schnell an die Mitbewohner. → _____
4. Sie beschäftigt sich gern mit der Tierpflege. → _____
5. Er dankt ihr für den tollen Aufenthalt. → _____
6. Er gratuliert ihm zum Bericht. → _____

e Lesen Sie den Auszug von Svens Bericht von seinem WWOOF-Einsatz und ergänzen Sie ihn wie in den Beispielen.

je 0,5 Pkt.

11,5

[…] Bei mir ist es leider nicht so gut gelaufen. Bei Fam_ilie____ Moser ha_be___ ich mi_ch____ leider ni_cht___ so wo_hl____ gefühlt. D_ie___ Mosers wa_ren___ zwar ga_nz____ nett, ab_er____ die Arb_eit___ auf d_em___ Hof h_at___ mir ni_cht__ gefallen. D_ie___ meisten Arbe_iten___ waren näm_lich___ nicht i_n____ der Landwir_tschaft_, sondern a_m___ Haus, d_as___ renoviert werd_en___ musste. Ich wol_____ so ge_____ auch i_____Wald arbe_____. Aber da_____ wurde d_____ Lehrling einge_____. Auße_____ war e_____ sehr he_____ und d_____ Arbeiten a_____ Haus wa_____ sehr anstr_____ – und n_____ habe i_____ ein we_____ Erfahrung m_____ Wänden u_____ Dächern, ab_____ keine mit Tie_____ und Acke_____. Wie sch_____! Ich werde es nächstes Jahr wieder versuchen, aber vorher genauer nachfragen, welche Arbeiten ich machen soll. […]

f Lesen Sie Svens Bericht aus 2e und beantworten Sie die Fragen.

je 1,5 Pkt.

6

1. Wie hat es Sven auf dem Hof gefallen?
   Er hat sich nicht wohl gefühlt.
2. Wie beurteilt er Familie Moser?
   _____
3. Welche Arbeiten musste er machen?
   _____
4. Was wollte er lieber machen?
   _____
5. Was nimmt er sich fürs nächste Jahr vor?
   _____

50

DaF kompakt B1 Intensivtrainer
Wortschatz und Grammatik
ISBN 978-3-12-676192-5

Klett

Name: _____

1 Sich begrüßen

a Lesen Sie die Antwortmail an eine Brieffreundin und ergänzen Sie die fehlenden Reflexiv-pronomen.

je 1 Pkt.

[5]

> ⊠
>
> Hallo Malika,
> in unserer Firma geben [1] _sich_ die Leute, die einander kennenlernen wollen, die Hand,
> dazu nennen sie ihren Namen. Man siezt [2] _____ zu Beginn, doch mit gleichaltrigen
> Kollegen kannst du [3] _____ bald duzen. Beim Kommen und Gehen nickt ihr [4] _____
> nur kurz zu. In manchen Abteilungen küssen [5] _____ die Kolleginnen auf die Wange, aber
> meist nur zum Geburtstag. Und wie begrüßt man [6] _____ in deinem Land? LG, deine Tita

b Lesen Sie die Sätze und kreuzen Sie an: reziprok (⇄) oder reflexiv (↻)?

je 1 Pkt.

[5]

	⇄	↻
1. Er freut sich, wenn er keine Fehler macht.		X
2. Wann treffen wir uns?		
3. Erinnerst du dich an eure erste Begegnung?		
4. Man kann sich durch Zulächeln begrüßen.		
5. Nach kurzer Zeit fanden sie sich sehr sympathisch.		
6. Wir ärgern uns oft über schlechte Umgangsformen.		

c Präposition + „einander". Was passt: a oder b? Kreuzen Sie an.

je 0,5 Pkt.

[2]

1. Die Freundinnen telefonieren	X miteinander.	b zueinander.
2. Sie denken oft	a übereinander.	b aneinander.
3. Sie lernen viel	a voneinander.	b nebeneinander.
4. Beim Tennis spielen sie	a voneinander.	b gegeneinander.
5. Sie haben durch gemeinsame Freunde	a zueinander	b aufeinander gefunden.

2 Small Talk in Deutschland richtig führen

a Was ist typisch beim Small Talk? Lesen Sie den Infotext. Korrigieren Sie 6 Fehler mit den Angaben im Schüttelkasten.

je 1 Pkt.

[6]

~~kleine~~ etwas Religion nicht Reisen gutes alltägliche

                                           kleine

Der Small Talk ist das ~~große~~ Gespräch mit Menschen, die man sehr gut kennt. In

Deutschland geht es dabei um besondere Dinge, wie das Wetter, Geld oder Sport.

Über die Politik, Arbeit oder Krankheiten sollte man besser nicht sprechen. Wenn

man aus einem anderen Land kommt, kann man nichts von sich erzählen. Die Leute

interessieren sich dafür und es ist ein schlechtes Anfangsthema.

DaF kompakt B1 Intensivtrainer
Wortschatz und Grammatik
ISBN 978-3-12-676192-5

b Hören Sie das Gespräch von Malika und Astrid im Kursbuch A, Aufgabe 3a, und ergänzen Sie die fehlenden Wörter.

je 1 Pkt.

7

1. Malika ist über den Anruf von Astrid _überrascht_____.
2. Die Hand gibt man sich meist in _____ Situationen.
3. Astrid umarmt nur Menschen, die sie _____.
4. Sonst grüßt sie mit „_____".
5. Die Form der Begrüßung hängt also von der _____ und von den Leuten ab.
6. Malika hätte lieber genaue _____.
7. Astrid rät ihr, zu _____, wie es andere machen, denn es hat sich viel

   _____.

c Schreiben Sie einen kurzen Text (7 Sätze) über Gemeinsamkeiten und Unterschiede beim Grüßen in Deutschland und in Ihrer Heimat. Die Stichworte im Schüttelkasten helfen.

je 2 Pkt.

14

> Begrüßungen formell / informell?   Hände schütteln: wann? wem?   Wangenkuss / Umarmung?
> Duzen / Siezen: wann? wen?

_____
_____
_____
_____
_____
_____
_____

d Verbinden Sie die Sätze 2–3 mit „also", die Sätze 4–5 mit „so ..., dass".

je 1,5 Pkt.

6

1. Ich sehe den Leuten beim Vorstellen in die Augen. Ich merke mir ihr Gesicht leichter.
   → _Ich sehe den Leuten beim Vorstellen in die Augen, also merke ich mir ihr Gesicht leichter._

2. Das Händeschütteln dauert meist zu lang. Wir begrüßen uns mit Kopfnicken.
   → _____

3. Ich kann mir den Namen der Kollegin nicht merken. Ich schreibe ihn mir auf.
   → _____

4. Ich habe gut Deutsch gelernt. Ich mache nur wenige Fehler.
   → _____

5. Ich analysiere meine Fehler genau. Ich kann mich verbessern.
   → _____

e Fehler machen – das kann doch jedem passieren! Bringen Sie den Text in die richtige Reihenfolge.

je 1 Pkt.

5

_1_ Fehler zu machen kann verschiedene Gründe haben.

Eigentlich nicht! Es geht doch darum, dass einen die anderen verstehen. Und da stören Fehler, z. B. bei Adjektivendungen nicht.

Wenn Ihr Gesprächspartner Sie also verwirrt ansieht, fragen Sie besser nach. Oft lacht man dann gemeinsam über den Fehler.

Schlimmer sind „falsche Freunde", wie Englisch „to become" und Deutsch „bekommen". Denn da kann es zu Missverständnissen kommen.

Oft hilft eine kurze Pause und es geht besser. Ist es so wichtig, keine Fehler zu machen?

Manche Fehler macht man z. B. einfach, weil man schon sehr müde ist.

50

DaF kompakt B1 Intensivtrainer
Wortschatz und Grammatik
ISBN 978-3-12-676192-5

Name: _____

1 Ein neuer Arbeitsplatz

a Zusammensetzungen mit „Arbeit": Ergänzen Sie die fehlenden Nomen und, wenn nötig, ein Fugen-s.

je 1 Pkt.

7

> Liebe Conny,
> endlich ist es so weit, heute Morgen habe ich mein neues [1] Arbeit*sverhältnis* in Dresden
> begonnen. Ich habe großes Glück mit der [2] Arbeit_____, denn wir haben Gleitzeit! So
> beginnt mein [3] Arbeit_____ schon um 8 Uhr und um 16 Uhr kann ich wieder gehen
> (so steht es im [4] Arbeit_____, Kernzeit für [5] Arbeit_____ in der Personal-
> abteilung: 9 bis 15 Uhr). Am Nachmittag habe ich also Zeit für Sport. Außerdem wohne ich
> ganz in der Nähe von meinem [6] Arbeit_____. Meine direkte Vorgesetzte ist sehr nett,
> leider habe ich erst wenige andere [7] Arbeit_____ kennengelernt. Mein eigentlicher
> [8] Arbeit_____ ist die Firma Eidhuber. Die Firmenzentrale ist in München. Auf bald, Peter

b Schreiben Sie in einer Mail (7 Sätze) an einen Freund / eine Freundin über Ihren Traumarbeits-platz. Die Stichworte im Schüttelkasten helfen.

je 2 Pkt.

14

Firma im Inland / Ausland Arbeitsort Arbeitszeit Abteilung(en) Arbeitgeber Tätigkeit Gehalt

> Liebe (r) _____,
> _____
> _____
> _____
> _____
> _____
> _____
> _____
> _____
> _____
> _____
> _____

c Neu in der Firma. Markieren Sie die richtigen Präpositionen.

je 0,5 Pkt.

4

1. Bitte achten Sie auf / für die Firmen-Hausordnung.
2. Tragen Sie an / zu gutem Betriebsklima bei.
3. Sorgen Sie für / um Sauberkeit am Arbeitsplatz.
4. Fühlen Sie sich verantwortlich für / in die Geräte und Produktionsmittel.
5. Verlassen Sie sich nicht an / auf Ihr Gefühl, sondern auf die Sicherheitsbestimmungen.
6. Kümmern Sie sich in / um Ihr Team.
7. Der Urlaub wird im Einvernehmen mit / zu der Geschäftsführung festgesetzt.
8. Ärgern Sie sich nicht für / über schwierige Kunden.
9. Freuen Sie sich auf / an das gute Essen in der Kantine.

DaF kompakt B1 Intensivtrainer
Wortschatz und Grammatik
ISBN 978-3-12-676192-5

d Sich vorstellen. Was passt zu den Oberbegriffen? Ordnen Sie zu.

je 0,5 Pkt.

5

a. ~~Zurzeit lebe ich in …~~ b. Ich arbeite als … c. Ich bin ledig. d. Mein Heimatland ist …
e. Ich interessiere mich besonders für … f. Ich bin … von Beruf. g. Seit 2011 bin ich geschieden.
h. Geboren bin ich in … i. Ich habe ein Zimmer in … j. Meine Hobbys sind … k. Ich habe eine
Tochter.

1. Herkunft   2. Wohnort   3. Familie   4. Freizeit   5. Tätigkeit

a,

2 ▸ Auf Sendung: Leute in Dresden

a Lesen Sie die Zusammenfassung und hören Sie dann den ersten Teil der Radiosendung im
Kursbuch C, Aufgabe 2. Streichen Sie, was falsch ist, und notieren Sie darüber die richtigen Wörter.

je 1 Pkt.

8

beruflichen

Der Sendungsgast Christian Lindner ist aus ~~privaten~~ Gründen nach Sachsen gezogen. Er

hat nach dem Studium einen Praktikumsplatz gesucht und in Dresden gefunden. Er hat

sich fünf Tage in der Stadt und in der Landschaft umgesehen. Dort gibt es tolle Freizeit-

möglichkeiten für ihn, denn er joggt und klettert gern. Er arbeitet bei einer großen Chip-

Firma. Ihre Kunden kommen aus Deutschland. Herr Lindner ist sehr zufrieden, denn er hat

Gleitzeit und beginnt um 11 Uhr. Jeder macht Dienst nach Vorschrift. Jetzt ist er stolz, weil

er gerade sein zweites Projekt abgeschlossen hat.

b Welche Bedeutung haben die Sätze? Kreuzen Sie an.

je 0,5 Pkt.

4

a. etwas erlauben / zulassen   b. etw. / jdn. zurücklassen   c. andere bitten, etw. zu tun

1. Ich lasse mein Portemonnaie nicht auf dem Tisch liegen.   *b*
2. Lässt du dir das Essen aus der Kantine mitbringen?
3. Ich lasse mir die Formulare schicken.
4. Am Sonntag lasse ich das Handy zu Hause.
5. Leider lasse ich öfters etwas liegen.
6. Die Chefin lässt mich heute früher gehen.
7. Ich lasse die Unterlagen lieber im Büro.
8. Meine Kollegin lässt mich an ihrem Computer arbeiten.
9. Ich lasse mir bei meiner Chefin einen Termin geben.

c Schreiben Sie die Sätze aus 2b im Perfekt.

je 1 Pkt.

8

1. *Ich habe mein Portemonnaie nicht auf dem Tisch liegen lassen.*
2. _____
3. _____
4. _____
5. _____
6. _____
7. _____
8. _____
9. _____

50

DaF kompakt B1 Intensivtrainer
Wortschatz und Grammatik
ISBN 978-3-12-676192-5

🏵 Klett

Name: _____

1 Berlin – heute und früher

a Ergänzen Sie die fehlenden Wörter im Werbetext für einen Reiseführer.

je 0,5 Pkt.

[4,5]

| ~~Berliner~~ | Tipps | Restaurants | Kapitels | Wegen | Ort | Touristen | Stadt | Autor | Buch |

„Ich bin kein [1] _Berliner_____. Ein Reiseführer für faule [2] _____".

Der [3] _____ Wladimir Kaminer, der seit 1990 in Berlin lebt, hat ein originelles

[4] _____ über seine neue Heimatstadt geschrieben. Am Beginn jedes

[5] _____ steht eine Geschichte zu einem interessanten Thema oder

[6] _____. Am Ende folgen praktische [7] _____ sowie z. B. Adressen

von empfehlenswerten [8] _____, Geschäften usw. Kaminer gelingt es, auf gewohnt

witzige Weise, Touristen seine [9] _____ näher zu bringen. Und faul sollte man

eigentlich nicht sein, wenn man den empfohlenen [10] _____ folgen will.

b Hören Sie das Gespräch im Kursbuch B, Aufgabe 3a, noch einmal. Notieren Sie aus dem Hörtext …

je 1 Pkt.

[7]

1. zwei Sehenswürdigkeiten von Berlin: _Fernsehturm_____, _____

2. zwei Städtenamen: _____, _____

3. zwei Bezeichnungen für Verwandte: _____, _____

4. zwei Himmelsrichtungen: _____, _____

c Markieren Sie die richtige Form von „der-, die-, dasselbe".

je 0,5 Pkt.

[3]

1. Seit der Wende ist Berlin nicht mehr dieselbe / derselbe Stadt wie früher.
2. Leider gibt es nicht mehr denselben / dieselben Kneipen wie früher.
3. Aber die Berliner sind immer noch dieselben / dieselbe Menschen geblieben.
4. Mein Freund fährt noch dasselbe / demselbe Auto wie vor 15 Jahren.
5. Er wohnt in dieselben / demselben alten Haus.
6. Ich gehe gern an denselben / dieselben Orten spazieren wie früher: Prenzlauer Berg, Bahnhof Zoo – aber alles ist anders.
7. Natürlich habe auch ich mich verändert. Ich bin nicht mehr dieselbe / derselbe Mensch wie damals.

d Sie kennen Berlin oder haben in der Lektion viel über Berlin erfahren. Schreiben Sie eine Mail (8 Sätze) an einen Freund / eine Freundin, was Sie gern in Berlin machen würden.

je 2 Pkt.

[16]

☒

Liebe/r _____,
wenn ich einmal nach Berlin komme, _____
_____
_____
_____
_____
_____
_____
_____

DaF kompakt B1 Intensivtrainer
Wortschatz und Grammatik
ISBN 978-3-12-676192-5

2 Davor, danach oder gleichzeitig

a Was hatten ER und SIE gemacht, bevor der B1-Kurs begann? Schreiben Sie die Sätze im Plusquamperfekt.

je 1 Pkt.

| 4 |

1. Er besucht den A1- und A2-Kurs. → *Er hatte den A1- und A2-Kurs besucht.*
2. Sie besteht die A2-Prüfung. → _____
3. Er lernt Deutsch mit Freunden. → _____
4. Sie kauft DaF kompakt B1. → _____
5. Sie melden sich für den B1-Kurs an. → _____

b Wann findet die Handlung statt? Was passt: a oder b? Kreuzen Sie an.

je 0,5 Pkt.

| 3 |

1. Bevor die Führung losging, kaufte sie ein Ticket.
   a zuerst: Führung, danach: Ticket kaufen   **☒** zuerst: Ticket kaufen, danach: Führung
2. Während er im Bus saß, telefonierte er.
   a zuerst: im Bus sitzen, danach: telefonieren   **b** telefonieren und gleichzeitig im Bus sitzen
3. Sie machte viele Fotos, bevor sie ins Hotel zurückging.
   a zuerst: Fotos, danach: zurück ins Hotel   **b** zuerst: zurück ins Hotel, danach: Fotos
4. Ich schlief leider ein, während der Film über Berlin im Fernsehen lief.
   a zuerst: Film laufen, danach: einschlafen   **b** Film laufen und gleichzeitig einschlafen
5. Sie trank Kaffee, nachdem sie einen langen Rundgang gemacht hatte.
   a zuerst: Rundgang, danach: Kaffee trinken   **h** zuerst: Kaffee trinken, danach: Rundgang
6. Er las in seinem Reiseführer, während er den Mann beobachtete.
   a zuerst: lesen, danach: Mann beobachten   **b** lesen und gleichzeitig Mann beobachten
7. Nachdem ich den Fahrplan gelesen hatte, fuhr ich mit der U-Bahn.
   a zuerst: Plan lesen, danach: U-Bahn fahren   **b** zuerst: U-Bahn fahren, danach: Plan lesen

c Beginnen Sie Ihre Sätze mit dem Konnektor in Klammern und verbinden Sie die Sätze.

je 1,5 Pkt.

| 7,5 |

1. Tom hat mit seiner Familie in Salzburg gelebt. Danach hat er in Wien die Schule besucht. (bevor)
   → *Bevor Tom in Wien die Schule besucht hat, hat er mit seiner Familie in Salzburg gelebt.*
2. Er hat in Wien studiert. Gleichzeitig hat er in Berlin ein Auslandspraktikum gemacht. (während)
   → _____
3. Er hat in Berlin Arbeit gefunden. Danach ist er nach Berlin gezogen. (nachdem)
   → _____
4. Er hat seinen Job gewechselt. Davor hat er eine Zusatzausbildung gemacht. (bevor)
   → _____
5. Er macht eine Weiterbildung. Er arbeitet nur 20 Stunden in der Woche. (während)
   → _____
6. Er hat sich in eine Österreicherin verliebt. Dann ist er nach Österreich zurückgekehrt. (nachdem)
   → _____

d Schreiben Sie die Sätze im Plusquamperfekt (PQ)/ Perfekt (PF)/ Präteritum (PR) Passiv.

je 1 Pkt.

| 5 |

1. Städte oft an Flüssen gegründet (PQ) → *Städte waren oft an Flüssen gegründet worden.*
2. Berlin nach dem 2. Weltkrieg geteilt (PF) → _____
3. Im Krieg viele Häuser zerstört (PR) → _____
4. Stadt in den 50er-Jahren aufgebaut (PQ) → _____
5. 1990 Berlin zur Hauptstadt ernannt (PR) → _____
6. Berlin schon immer von Touristen besucht (PF) → _____

| 50 |

DaF kompakt B1 Intensivtrainer Wortschatz und Grammatik ISBN 978-3-12-676192-5

Name: _____

1 Auswandern

a Lesen Sie die Zusammenfassung und hören Sie dann das Radiointerview im Kursbuch B, Aufgabe 5a. Streichen Sie, was falsch ist, und notieren Sie darüber die richtigen Informationen.

je 1 Pkt.

7

Niels Jansen erzählt in der Sendung „Gäste", *Leute* dass er vor mehr als 10 Jahren aus den USA nach

Deutschland gekommen ist. Er hatte dort eine Elektrikerausbildung beendet. Er sollte eigent-

lich in der Firma seines Bruders arbeiten. Er fand einen Job in einer Autowerkstatt, aber dann

wollte er in der Gastronomie arbeiten. Deutschland hat ihn noch nie interessiert. Deshalb hat

er sich trotz der Berge für Bayern entschieden.

b Welche Funktion hat „werden" in den Sätzen? Kreuzen Sie an.

je 0,5 Pkt.

1,5

	Vollverb	Passiv	Futur
1. Auswanderer werden oft belächelt.		X	
2. Einige werden in ihre Heimat zurückkehren.			
3. Oft wird jemand woanders glücklicher.			
4. Das Glück wird von vielen Dingen bestimmt.			

c Bekannte von Ihnen werden auswandern. Was ist hier oder dort besser? Schreiben Sie Ihre Meinung (9 Sätze) darüber in einer Mail an einen Freund / eine Freundin. Die Stichworte im Schüttelkasten helfen.

je 2 Pkt.

18

Lebensqualität Gesundheit Berufschancen Freizeit Familienleben Ausbildung Einkommen Klima Neuanfang / alte Lebensumstände …

Liebe/r _____,
stell dir vor, _____ wird _____ auswandern! _____
_____
_____
_____
_____
_____
_____
_____
_____

d Ergänzen Sie das Diagramm mit den Angaben aus dem Schüttelkasten. 2 Angaben bleiben übrig.

je 0,5 Pkt.

2,5

rund die Hälfte zwei Drittel jeder Dritte weniger als ein Viertel fast 100 % drei Viertel

51 %	*rund die Hälfte* der Befragten
98 %	_____ der Befragten
20 %	_____ der Befragten
66 %	_____ der Befragten

Übrig bleiben: _____ , _____

DaF kompakt B1 Intensivtrainer
Wortschatz und Grammatik
ISBN 978-3-12-676192-5

Klett

e Formulieren Sie Sätze mit „brauchen … nicht zu"/„brauchen kein … zu" + Infinitiv.

je 1 Pkt.

4

1. Man muss nicht lange auf einen Termin warten.

→ *Man braucht nicht lange auf einen Termin zu warten.*

2. Sie müssen Ihren Namen nicht nennen.

→ _____

3. Sie müssen noch keinen genauen Plan haben.

→ _____

4. Man muss keine Angst vor persönlichen Fragen haben.

→ _____

5. Sie müssen nicht alle Fragen beantworten.

→ _____

2 Sicher oder vielleicht? Was wird sein?

a Was passt: Absicht (A), Vermutung (V), Zuversicht (Z), Sicherheit (S)?

je 0,5 Pkt.

2

1. Heute Abend werden wir ins Kino gehen. *A*
2. Wir werden ganz bestimmt einen netten Abend haben.
3. Ich werde mich wohl ein bisschen verspäten.
4. Keine Sorge, ich werde schon rechtzeitig zum Filmbeginn da sein!
5. Nach dem Film werde ich vielleicht mit dem Taxi heimfahren.

b Was wird die Tourismusschülerin machen? Schreiben Sie Sätze im Futur I mit den Partikeln und Adverbien aus dem Schüttelkasten.

je 1,5 Pkt.*

6

sicher   wahrscheinlich   bestimmt   wohl   schon

1. bei der Zusatzausbildung viel Neues lernen (Sicherheit)

→ *Sie wird bei der Zusatzausbildung sicher viel Neues lernen.*

2. eine gute Stelle finden (Zuversicht)

→ _____

3. Erfahrungen im Ausland sammeln wollen (Vermutung)

→ _____

4. von den Eltern Unterstützung bekommen (Sicherheit)

→ _____

5. es schaffen und erfolgreich sein (Vermutung)

→ _____

c Bringen Sie den Brief an das Raphaels-Werk in die richtige Reihenfolge.

je 1 Pkt.

9

1 Sehr geehrte Damen und Herren,
    Da ich schon mehrmals in London war und
    ich habe kürzlich in München meine Lehre als Koch mit der Note „sehr gut" abgeschlossen.
    und die rechtlichen Fragen.
    und meine Dokumente übersetzen lassen.
    Jetzt benötige ich noch Informationsmaterial über die Arbeitsbedingungen
    Ich habe mein Bewerbungsschreiben auf Englisch vorbereitet
    dort sehr gute Restaurants kennengelernt habe, möchte ich nach Großbritannien.
    Mit der Bitte um Zusendung verbleibe ich mit freundlichen Grüßen, Ihr E. G.
    Nun möchte ich ins Ausland gehen, um internationale Erfahrung zu sammeln.

50

* Bewertungskriterien s. Lösungen

DaF kompakt B1 Intensivtrainer
Wortschatz und Grammatik
ISBN 978-3-12-676192-5

Name: _____

1 Politik und Wahlen

a Hören Sie das Gespräch im Kursbuch B, Aufgabe 1a, und ergänzen Sie die fehlenden Wörter.   je 1 Pkt.

	7

Rolf: Hallo Jack. Na, du liest ja schon wieder in der [1] _Mittagspause_ !

Jack: Ja, und ich warte schon auf dich.

Rolf: Ah, ja?

Jack: Also, ich habe mich jetzt länger mit dem [2] _____ in Deutschland

beschäftigt, aber eins ist mir immer noch nicht klar. Wie ist das mit der [3] _____

und der Zweitstimme? Hat man nun eine Stimme oder zwei?

Rolf: Man hat zwei Stimmen, aber man hat nur einen [4] _____; auf dem kann

man zwei [5] _____ machen. Man hat also eine Erststimme und eine Zweit-

stimme.

Jack: Heißt das, man kann mit der Erststimme zum Beispiel direkt den [6] _____

der Grünen wählen und mit der Zweitstimme die [7] _____ einer ganz anderen

[8] _____?

Rolf: Ja, genau, so ist es.

b Welches Wort passt nicht? Streichen Sie es.   je 0,5 Pkt.

	1,5

1. Mandat – Abgeordneter – Sitzverteilung – ~~Gesetz~~
2. Bundesrat – Bundestag – Mehrheitswahl – Vermittlungsausschuss
3. Wahlergebnis – Staatsform – Hochrechnung – Wahlkreis
4. Klausel – Regierung – Fraktion – Koalition

c Informieren Sie Ihren Freund / Ihre Freundin über das politische System in Deutschland.
Schreiben Sie 8 Sätze. Die Stichworte im Schüttelkasten helfen.   je 2 Pkt.

	16

~~Staatsform~~ Staatsoberhaupt Regierungschef Bundesländer Bundesrat Wahlsystem
Bundestag Wahlzettel Partei

Das politische System in Deutschland

Die Bundesrepublik Deutschland ist ein demokratischer Rechtsstaat.

_____

_____

_____

_____

_____

_____

d Machen Sie kurze Aussagen mit „je … desto / umso" wie im Beispiel.   je 1,5 Pkt.

	6

1. viel – Werbung / bekannt – Kandidat → _Je mehr Werbung, desto bekannter der Kandidat._
2. interessant – Kandidaten / spannend – Wahl → _____
3. gut – Parteiprogramm / groß – Wahlerfolg → _____
4. viel – Stimmen / viel – Sitze im Bundestag → _____
5. lang – Wahlkampf / gelangweilt – Wähler → _____

DaF kompakt B1 Intensivtrainer
Wortschatz und Grammatik
ISBN 978-3-12-676192-5

e Formulieren Sie mit den folgenden Elementen und den Ausdrücken in 1d ganze Sätze.

je 1,5 Pkt.

1. machen / werden: *Je mehr Werbung gemacht wird, desto bekannter wird der Kandidat.*

$\boxed{6}$

2. sich präsentieren / sein: _____

3. formuliert sein / werden: _____

4. eine Partei bekommen / sie erhalten: _____

5. dauern / sein: _____

2 Ein Referat vorbereiten

a Lesen Sie die Redemittel für einen Vortrag und streichen Sie die falschen Präpositionen.

je 0,5 Pkt.

„Mein Vortrag besteht [1] aus / in vier Teilen. Zunächst möchte ich [2] über / auf Folgendes sprechen:

$\boxed{3,5}$

… Am Ende gibt es Zeit [3] auf / für Fragen. Nun, im ersten Punkt geht es [4] um / an … Jetzt komme ich [5] an / zu Punkt vier. Ich ende [6] zu / mit einem Ausblick in die Zukunft. Danach könnten wir [7] bei / mit der Diskussion beginnen. Ich bedanke mich herzlich [8] für / um Ihre Aufmerksamkeit."

b Lesen Sie den Infotext zum Handout und beantworten Sie die Fragen.

je 1 Pkt.

Auf einem Handout soll nicht zu viel und nicht zu wenig stehen – oft genügen 1 bis 2 Seiten. Bedenken Sie: Ihr Handout sollte alle Punkte enthalten, die jemand als Vortragsnotizen machen würde. Diese Punkte müssen in einer sinnvollen Reihenfolge stehen. Geben Sie im Kopf den Titel, das Datum, Hinweise auf die Veranstaltung und den Namen des Verfassers an. Verwenden Sie auch Abbildungen oder Tabellen, wenn dies passt. Geben Sie in jedem Fall Ihre Quellen an. Da Ihr Handout nicht zu lang werden soll, können Sie auch Zeichen (→, =, & …) und allgemein bekannte Abkürzungen (SPD, z. B., bzw. …) verwenden. Prüfen Sie selbst oder lassen Sie einen Freund Ihr fertiges Handout lesen: Ist es logisch aufgebaut? Gibt es noch Tippfehler? Machen Sie erst dann die Kopien für Ihre Zuhörer.

$\boxed{4}$

1. Womit kann man ein Handout vergleichen? *Mit Vortragsnotizen.* _____

2. Wie sollen die Punkte vorkommen? → _____

3. Welche Angabe darf man auf keinen Fall vergessen? → _____

4. Was ist erlaubt, um Platz zu sparen? → _____

5. Worauf soll man am Ende achten? → _____

c Formulieren Sie Relativsätze mit „was" oder „wo(r)-".

je 1,5 Pkt.

1. Das Referat ist sehr gut aufgebaut. (niemand – überraschen)

$\boxed{6}$

→ *Das Referat ist sehr gut aufgebaut, was niemanden überrascht.*

2. Das schwierige Thema ist gut erklärt. (wir – dankbar sein – für)

→ _____

3. Der Vortragende spricht langsam. (alle – finden – angenehm zum Notizenmachen)

→ _____

4. Das Handout ist übersichtlich. (wir – froh sein – über)

→ _____

5. Es gibt die Möglichkeit, Fragen zu stellen. (viele – nutzen)

→ _____

$\boxed{50}$

DaF kompakt B1 Intensivtrainer Wortschatz und Grammatik ISBN 978-3-12-676192-5

Name: _____

1 Wie spricht man in ...?

a Hören Sie das Gespräch zwischen Julie und Ralf im Kursbuch B, Aufgabe 2d, und beantworten Sie die Fragen.

je 1 Pkt.

<table><tr><td></td><td>4</td></tr></table>

1. Welche zwei Dialekte verwechselt Julie? → _Bairisch mit Fränkisch_ _____
2. Was bedeutet „Bahnhof verstehen"? → _____
3. Woher kommt Julies Gesprächspartner? → _____
4. In welchem Dialekt sagt man „Gsälz"? → _____
5. Welchen Tipp bekommt Julie am Schluss? → _____

b Lesen Sie die Sätze. Was sagt Yildiz, was sagt Axel? Schreiben Sie Y (Yildiz) oder A (Axel) in die rechten Kästchen wie im Beispiel.

je 0,5 Pkt.

<table><tr><td></td><td>4,5</td></tr></table>

1   Hallo Axel, ich höre mich gerade bei Freunden um, welches Deutsch sie eigentlich sprechen. Wie ist das bei dir?   *Y*

Alles klar, aber bei einem Vortrag über Unterrichtsmethoden verwendest du natürlich fachsprachliche Wörter. [...]

Ja, eine leichte Färbung hört man schon, das habe ich bemerkt, als ich ein halbes Jahr in Bayern unterrichtet habe.

Du meinst z. B. das bekannte „Et kütt wie et kütt"? Das kann sogar ich als Türkin.

Ja, die Bayern haben sofort bemerkt, dass ich aus Köln komme. Aber so richtig Kölsch, also Dialekt, spreche ich nicht einmal im Alltag. Vielleicht gibt es ein paar Sätze, die ich verwende ...

Ja, das sage ich schon manchmal. Aber natürlich hängt das davon ab, wo ich bin und mit wem ich spreche.

Ah, ist das denn nicht so? Hört man, dass du aus Köln bist?

Darauf achte ich im Unterricht sehr genau. Zumindest habe ich das gedacht ...

In Bayern hat man dich also an der Aussprache als Kölner erkannt?

Hallo Yildiz! Also als Lehrer verwende ich im Unterricht nur Standarddeutsch.

c Lesen Sie die Sätze in 1b noch einmal und bringen Sie das Gespräch zwischen Yildiz und Axel in die richtige Reihenfolge. Nummerieren Sie die Aussagen in den linken Kästchen wie im Beispiel.

je 0,5 Pkt.

<table><tr><td></td><td>4,5</td></tr></table>

d Schreiben Sie einen kurzen Infotext (7 Sätze) über Ihre Sprache. Die Redemittel im Schüttel-kasten helfen.

je 2 Pkt.

<table><tr><td></td><td>14</td></tr></table>

> ... ist Amtssprache in ...   ... ist verwandt mit ...   die Standardsprache wird verwendet ...
> Es gibt Fremdwörter aus ...   ... wird nur / nicht im schriftlichen Sprachgebrauch verwendet. ...

Meine Sprache ist ... _____ *Sie ist (z. B.) Amtssprache in ...* _____

_____

_____

_____

_____

_____

_____

_____

_____

DaF kompakt B1 Intensivtrainer
Wortschatz und Grammatik
ISBN 978-3-12-676192-5

e „innerhalb"/„außerhalb" – wird es zeitlich (z) oder räumlich (r) verwendet? Kreuzen Sie an.   je 0,5 Pkt.

1. Außerhalb der Schule sprechen die Lehrer meist Umgangssprache.   ☒ r
2. Innerhalb der Schulstunde sprechen sie meist Standardsprache.   z r
3. Sprachen verändern sich innerhalb weniger Jahre.   z r
4. Jugendsprache wird auch außerhalb der Großstädte gesprochen.   z r
5. Dialekte sind innerhalb Deutschlands weit verbreitet.   z r

| | 2 |

2 Deutsch lernen

a Verbinden Sie die Elemente zu sinnvollen Tipps zum Sprachenlernen.   je 1 Pkt.

| | 6 |

1. und – 10 Wörter – wiederholen – jeden Tag – lernen – regelmäßig
→ *Lernen Sie jeden Tag 10 Wörter und wiederholen Sie sie regelmäßig.*

2. und – in Wortfeldern – lernen – auch – Synonyme – Gegensätze – mitlernen – oder
→ _____

3. hören – im Alltag – deutsche Texte – immer wieder
→ _____

4. erzählen – erfinden – und – kleine Geschichten
→ _____

5. Beispielsätze – Wörter – notieren – und – erfinden – mit Artikel
→ _____

6. nutzen – Internationalismen – beim Lesen – eventuelle Sprachkenntnisse – und
→ _____

7. suchen – neue Wörter – Gespräch mit Deutschen – und – anwenden
→ _____

b Notieren Sie Nomen mit folgenden Endungen. Ergänzen Sie den Artikel.   je 0,5 Pkt.

| | 7,5 |

„-ant":   „-ion":   „-ing":   „-ist":

1. *der Protestant*   5. _____   9. _____   13. _____
2. _____   6. _____   10. _____   14. _____

„-ik":   „-enz":   „-ismus":   „-tät":

3. _____   7. _____   11. _____   15. _____
4. _____   8. _____   12. _____   16. _____

c Bilden Sie Relativsätze wie im Beispiel.   je 1,5 Pkt.

| | 7,5 |

1. Mein Kollege ist krank. Ich habe sein Lexikon ausgeliehen.
   Mein Kollege, dessen Lexikon ich ausgeliehen habe, ist krank.

2. Deutsch ist eine Sprache. Ihr Klang gefällt mir.
   _____

3. Das ist ein bekannter Ausspruch. Er bedient sich des Ausspruchs in seinem Referat.
   _____

4. Ich mag die Sprecherin. Ihre Stimme kenne ich von der CD.
   _____

5. Das sind die Lehrer. Mit ihrer Unterstützung schaffe ich die Prüfung.
   _____

6. Das ist ein Wort aus dem ersten Kapitel. Ich entsinne mich noch des Wortes.
   _____

| | 50 |

DaF kompakt B1 Intensivtrainer
Wortschatz und Grammatik
ISBN 978-3-12-676192-5

19 Trainee in Liechtenstein

1a 2e • 3a • 4c • 5b • 6d

1b 2. Er hat sich auf eine Trainee-Stelle beworben. • 3. Er hat eine Zusage bekommen. • 4. Er hat (sich) eine Broschüre über Vaduz besorgt. • 5. Er hat eine Einzimmerwohnung gemietet. • 6. Er hat das Land erkundet.

2a 2. 160 km² • 3. Grauspitz, 2599m • 4. 35.000 • 5. Vaduz • 6. Deutsch und alemannische Dialekte • 7. zwei Drittel Liechtensteiner und ein Drittel Ausländer • 8. konstitutionelle Monarchie • 9. EU-Bürger brauchen nur einen Personalausweis. Bürger anderer Staaten brauchen eventuell ein Visum.

2b *Mögliche Lösung:* Liechtenstein ist 160 km² groß und hat 35.000 Einwohner. Sein höchster Berg ist der 2599 m hohe Grauspitz. Seine Staatsform ist die konstitutionelle Monarchie. Sein Hauptort ist Vaduz. Die Liechtensteiner sprechen Deutsch und alemannische Dialekte. Ein Drittel aller Liechtensteiner sind Ausländer.

3a **haben:** er/sie/es hätte • wir hätten • ihr hättet • sie/Sie hätten • **sein:** ich wäre • er/sie/es wäre • wir wären • ihr wär(e)t • sie/Sie wären • **können:** ich könnte • du könntest • er/sie/es könnte • ihr könntet • sie/Sie könnten • **sollen:** ich sollte • du solltest • wir sollten • ihr solltet • sie/Sie sollten • **dürfen:** ich dürfte • du dürftest • er/sie/es dürfte • wir dürften • ihr dürftet • sie/Sie dürften • **werden:** ich würde • du würdest • er/sie/es würde • wir würden • sie/Sie würden

3b 2. Könntest/Würdest du morgen kommen? • 3. Dürfte ich kurz stören? • 4. Könntest/Würdest du ihn sofort zurückrufen? • 5. Könnten/Würden Sie mir sagen, wo die Post ist? • 6. Könntest/Würdest du ihm eine E-Mail schreiben?

3c 2. Sie sollte einen Kollegen fragen. • 3. Sie könnte sich ein Zimmer in einer WG suchen. • 4. Sie könnte eine Anzeige in der Zeitung aufgeben. • 5. Sie sollte viele Ausflüge machen. • 6. Sie sollte in einen Sportclub gehen.

4a *Mögliche Lösung:* der Abflug • die Abreise • die Anfahrt • der Anflug • die Anreise • die Ausfahrt • die Ausreise • die Autobahn • der Autozug • die Bahnkarte • die Bahnreise • das Bahnticket • die Buchungsbestätigung • die Einfahrt • die Einreise • die Fahrkarte • der Fahrplan • die Fluggesellschaft • der Flughafen • die Flugreise • der Flugsteig • das Flugticket • das Flugzeug • das Reisebüro • die Reisegesellschaft • die Reisemöglichkeiten • der Reisepass • die Reisetasche • Schnellstraßen • der Schnellzug • die Straßenkarte • die Zugfahrt • das Zugticket • die Zugverbindung

4b **Nomen + Nomen:** der Autozug • die Bahnkarte • die Bahnreise • das Bahnticket • die Buchungsbestätigung • die Fluggesellschaft • die Flugreise • der Flugsteig • das Flugticket • das Flugzeug • das Reisebüro • die Reisegesellschaft • die Reisemöglichkeiten • die Reisetasche • die Straßenkarte • die Zugfahrt • das Zugticket • die Zugverbindung • **Verb + Nomen:** die Fahrkarte • der Fahrplan • **Adjektiv + Nomen:** die Schnellstraßen • der Schnellzug • **Präfix + Nomen:** die Abfahrt • der Abflug • die Abreise • die Anfahrt • der Anflug • die Anreise • die Ausfahrt • die Ausreise • die Einfahrt • die Einreise

5a 1. kürzesten • 2. höher • 3. größten • 4. nächsten • 5. netter • 6. neuesten • 7. besser • 8. dunkler

5b 2. höhere • höchste • 3. größeren • größten • 4. näheren • nächsten • 5. nettere • netteste • 6. neueren • neuesten • 7. bessere • beste • 8. dunkleren • dunkelsten

5c 2. besseres Essen • 3. eine nettere Kollegin • 4. einen größeren Schreibtisch • 5. einen leiseren/ruhigeren Arbeitsplatz • 6. einen neueren/moderneren Computer • 7. ein höheres Gehalt • 8. mehr berufliche Möglichkeiten

5d 2. beste • 3. nettesten • 4. größten • 5. ruhigsten • 6. modernsten • 7. höchste • 8. meisten

6a 2. Vaduz ist ein hübsches, kleines Städtchen und ruhig, weil das Zentrum eine Fußgängerzone ist. Außerdem gibt es relativ viele Museen. • 3. Sie möchte ins Skimuseum, weil sie Skifan ist, und ins Kunstmuseum, weil es dort eine sehr gute Sammlung moderner Kunst gibt. • 4. In ihrer Abteilung hat sie vier nette Kollegen: zwei Liechtensteiner, eine Italienerin und einen Deutschen. Wenn die Liechtensteiner miteinander reden, verstehen die Ausländer fast nichts. • 5. Sie sitzt in einem modernen Büro mit Blick auf die Alpen. • 6. Sie fühlt sich in der Bank sehr wohl. Aber sie ist oft unsicher, weil sie noch sehr viel lernen muss. Sie freut sich auf die Abteilungen, in denen sie arbeiten soll. Und sie genießt das gute Essen in der Kantine.

6b 2e • 3a • 4c • 5i • 6g • 7h • 8d • 9f

6c 4. In der Bank, **in der** Nicole arbeitet, fühlt sie sich wohl. • 5. In den Büroräumen, **in denen** die Trainees sitzen, sieht man die Alpen. • 6. Das Büro, **in dem** Nicole arbeitet, ist sehr modern. • 8. Die Kollegen treffen sich in der Kantine, **in der** es sehr gutes Essen gibt. • 9. Nicole freut sich auf die Abteilungen, **in denen** sie anschließend eingesetzt wird.

6d 2. das • 3. der • 4. wo • 5. wo • 6. den • 7. der • 8. wo • 9. der • 10. der • 11. wo • 12. die • 13. wo • 14. der

7

Nicole Schröder Mühlenstraße 17 D-22113 Hamburg	Vaduz, den 10.10.20…	Adresse/Ort- und Datum
Swiss International Air Lines Customer Service Postfach CH-4002 Basel		Adresse des Empfängers
Erstattung der Reparaturkosten für mein Gepäck		Betreff
Sehr geehrte Damen und Herren,		höfliche Anrede
am 03.10. 20.. bin ich mit Ihrer Fluggesellschaft um 9.50 Uhr von Hamburg nach Zürich-Klothen, Flugnr. LX 007 geflogen. Am Gepäckband ist mein roter Koffer mit stark beschädigtem Leder angekommen. Nach einer Schadensmeldung am „Lost-and-Found"-Schalter habe ich meinen Koffer zu einem Koffergeschäft gebracht, wo er repariert worden ist. Die Schadensmeldung, das Flugticket und die Rechnung finden Sie anbei.		Grund des Schreibens
Bitte überweisen Sie mir den Rechnungsbetrag auf folgendes Konto: Nicole Schröder Privatbank Nord, BLZ: 734 650 00 / IBAN: DE 000 000 000 00734 650 000 KTO: 132 743 456 7 / BIC: PRIVANOR0RSH		Ziel des Schreibens
Ich bedanke mich schon jetzt für Ihre Mühe und verbleibe mit freundlichen Grüßen		Schlussformel
Nicole Schröder		Unterschrift
Anlagen Schadensmeldung Flugticket Rechnung		Anlage/n (Dokumente, die Sie mitschicken)

20 Verkehrsunfall in der Innenstadt

1a 2. entgegenkommen • 3. einem Fußgänger ausweichen • 4. links abbiegen • 5. zusammenstoßen • 6. die Kreuzung überqueren

1b 2. Vollbremsung • 3. Gegenfahrbahn • 4. Zusammenstoß • 5. Fahrer • 6. Beifahrerin • 7. Rettungswagen • 8. Zeuge • 9. Unfallort • 10. Sachschaden

2a 2r • 3f • 4r

2b 2. Auf dem Domplatz ereignete sich/geschah ein Unfall. • 3. In Hannover hat sich ein Zugunglück ereignet. • 4. Hey, Anna, was ist denn hier passiert?

3a Passiv Perfekt wird gebildet mit der konjugierten Form von „sein" im Präsens + Partizip Perfekt vom Vollverb + „worden".

3b **Etwas ist passiert. (Passiv):** Langsame Autos <u>sind überholt worden.</u> • Der PKW <u>ist</u> in die Werkstatt <u>gebracht worden.</u> • Die Radfahrerin <u>ist untersucht worden.</u> • Alle Zeugen <u>sind vernommen worden.</u> • **Etwas/jemand hat sich verändert. (Aktiv):** Der Zeuge <u>ist</u> nervös <u>geworden.</u> • Die Zeugin <u>ist</u> blass <u>geworden.</u> • Der Busfahrer <u>ist</u> wütend <u>geworden.</u> • Die Fahrgäste <u>sind</u> unruhig <u>geworden.</u>

3c *Mögliche Lösung:* 2. Die Unfallstelle ist von einem Journalisten fotografiert worden. • 3. Die Zeugen sind von dem Polizisten vernommen worden. • 4. Der Unfall ist von der Zeugin geschildert worden. • 5. Die Fahrradfahrerin ist vom Rettungswagen ins Krankenhaus gebracht worden.

4a P.: Wo hat sich der Unfall ereignet? • Z.: An der Kreuzung Bismarckstraße/Rathausstraße • P.: Wie ist der Unfall passiert? • Z.: Die Ampel war rot, als ein Mercedes über die Kreuzung gefahren ist. Da kam ein BMW von rechts. Beide PKWs konnten nicht mehr bremsen. Man hörte einen lauten Knall, weil der Mercedes mit dem BMW zusammengestoßen ist. • P.: Was ist noch geschehen? • Z.: Ich habe die Polizei und den Rettungswagen gerufen. Der BMW-Fahrer und der Mercedes-Fahrer sind vom Notarzt untersucht worden. Beide wurden nur leicht verletzt und sind vom Rettungswagen ins Krankenhaus gebracht worden.

4b Das gehört in einen Bericht: Antworten auf W-Fragen • Ereignisse in zeitlicher Reihenfolge

4c *Mögliche Lösung:* … an der Kreuzung Bismarckstraße/Rathausstraße ein Unfall. Ein Mercedes nahm einem BMW-Fahrer die Vorfahrt. Beide PKWs stießen zusammen. Ein Zeuge rief die Polizei und den Rettungswagen. Beide

Fahrer wurden vom Notarzt untersucht. Sie wurden nur leicht verletzt und sind vom Rettungswagen ins Krankenhaus gebracht worden.
5a 2d • 3a • 4e • 5f • 6c
5b 2. Das Auto kann nicht weggefahren werden. • 3. Die Unfallstelle muss sofort geräumt werden. • 4. Nicht alle Zeugen wollen befragt werden. • 5. Der Radfahrer will abgeholt werden. • 6. Fotos von der Unfallstelle dürfen nicht gemacht werden.
5c 2. Konnte das Auto weggefahren werden? • 3. Musste die Unfallstelle sofort geräumt werden? • 4. Wollten alle Zeugen befragt werden? • 5. Wollte der Radfahrer abgeholt werden? • 6. Durften Fotos von der Unfallstelle gemacht werden?
5d 2. Die Strafe musste vom Radfahrer gezahlt werden. • 3. Sollen die Formulare (von euch) ausgefüllt werden? • 4. Der Fahrer durfte nicht ~~von der Presse~~ interviewt werden. • 5. Zeugen dürfen nicht von Reportern vernommen werden. • 6. Fotos konnten nicht ~~von der Reporterin~~ gemacht werden.
6a statt Heckscheibe: die Stoßstange • statt Motorhaube: der Kotflügel • statt Stoßstange: die (Auto)Tür • statt Tür: der Reifen • statt Frontscheibe: der Kofferraum • statt Kotflügel: die Heckscheibe • statt Reifen: die Frontscheibe
6b 2. Schleudertrauma • 3. Halskrause • 4. Schlüsselbein • 5. Rippen • 6. Wunde • 7. Verband
7a 2. Z • 3. V • 4. V • 5. Z • 6. Z • 7. V • 8. Z
7b Die Getränke sind eingekauft. • Die Wohnung ist dekoriert. • Das Essen ist vorbereitet. • Die Musik ist ausgewählt. • Die Wohnung ist aufgeräumt. • Die Stühle sind ausgeliehen. • Die Nachbarn sind informiert.
8a 2. Der Polizist hat das unterschriebene Unfallprotokoll mitgenommen. • 3. Die Polizei fotografierte die beschädigten Fahrzeuge. • 4. Die gesperrte Unfallstelle muss geräumt werden. • 5. Der gemeldete Unfall wird von der Versicherung bearbeitet. • 6. Das reparierte Auto kann abgeholt werden.
8b 2. befahrenen • 3. geschlossenen • 4. beschädigten • 5. geliebtes • 6. gekauften • 7. geliehene • 8. reparierten
9 2. Kotflügel, Spiegel, Türen, Stoßstange, alles war kaputt. • 3. Frau Abing, jetzt reicht es aber! • 4. Sie hatte eine Wunde an der Hand, die genäht werden musste. • 5. Frau Abing, die Nachbarin von Robert, hat sich zuerst sehr über ihn geärgert. • 6. Der Unfall ereignete sich am Freitag, den 17. April 2012. • 7. Ich habe nichts gesehen, aber etwas gehört. • 8. Frau Abing denkt, dass Robert schuld ist. • 9. Entschuldigung, wie komme ich zum Bismarckplatz?

21 Kreativ in Hamburg

1a exklusiver • guter • eleganter • leckeren • gemütlicher • erfolgreichen
1b 2. weltgrößten • kulturellen • 3. erfolgreichen • alter • wertvoller • 4. europäischer • 5. nicht-sehenden • sehenden
2a 2. Alle finden es gut, so ein tolles Kulturangebot genießen zu können. • 3. Im Theater am Hafen lieben die Regisseure es, experimentelle Stücke aufzuführen. • 4. Ich hätte Lust, am Sonntag einen Platz für das „Criminal Dinner" zu reservieren. • 5. Die Stadtführer bieten die Möglichkeit, die Geschichte Hamburgs näher kennenzulernen. • 6. Es ist gut, bei Programmänderungen informiert zu werden.
2b 2. Gestern hatte ich keine Lust, besucht zu werden. • 3. Ich mag es nicht, von Freunden überrascht zu werden. • 4. Er hat nicht vor, eine Hafenrundfahrt mitzumachen. • 5. Hast du Lust, in „Die Dreigroschenoper" zu gehen? • 6. Die Gäste finden es gut, beim „Criminal Dinner" mit gutem Essen verwöhnt zu werden.
2c **Pläne machen:** vorhaben • planen • aufhören • vergessen • (keine) Zeit haben • **Interesse / Gefühle äußern:** (keine) Lust haben • es lieben / hassen • es toll / schön / … finden • Angst haben • vorschlagen • bitten • es ist interessant / uninteressant
2d *Mögliche Lösung:* Ich habe vor, am Wochenende in die Oper zu gehen. • Ich habe Lust, Sport zu machen. • Ich plane, in Hamburg zu studieren. • Ich liebe es, an der Alster spazieren zu gehen. • Ich finde es toll, in Hamburg zu leben. • Hört auf, zu streiten. • Ich habe Angst, nach dem Studium keine Arbeit zu finden. • Ich möchte vorschlagen, ein Musical anzusehen. • Ich bitte ihn, mir das Buch mitzubringen. • Ich finde es interessant, „Die Dreigroschenoper" zu lesen. • Ich habe vergessen, den Termin abzusagen. • Ich habe keine Zeit, meine Familie zu besuchen.
2e 2. Wer schlägt vor? – Die Sekretärin. Wer bestellt eine Band? – Die Sekretärin. • 3. Wer plant? – Der Chef. Wer empfängt die Gäste persönlich? – Der Chef. • 4. Wer rät? – Die Sekretärin. Wer geht mit den Gästen ins Theater? – Der Chef. • 5. Wer bittet? – Der Chef. Wer ruft ihn um 9.00 Uhr an? – Die Sekretärin.
2f 1a. Satz: 2, 3 • 2b. Satz: 1, 4, 5

3 3. Vor dem Restaurantbesuch • 4. Nach dem Arztbesuch • 5. Vor der Reise • 6. Nach dem Rockkonzert
4a/b

1. Satzteil	Pos. 0	2. Satzteil
2. Entweder wir kaufen eine Karte für ein Popkonzert	oder	für das Musical.
2. Entweder kaufen wir eine Karte für ein Popkonzert	oder	für das Musical.
2. Wir kaufen entweder eine Karte für ein Popkonzert	oder	für das Musical.
3. Entweder wir machen einen Spaziergang	oder	eine Hafenrundfahrt.
3. Entweder machen wir einen Spaziergang	oder	eine Hafenrundfahrt.
3. Wir machen entweder einen Spaziergang	oder	eine Hafenrundfahrt.
4. Entweder wir besuchen das Hafenfest	oder	das Straßenfest in Barmbeck.
4. Entweder besuchen wir das Hafenfest	oder	das Straßenfest in Barmbeck.
4. Wir besuchen entweder das Hafenfest	oder	das Straßenfest in Barmbeck.

1. Hauptsatz	Pos. 0	2. Hauptsatz
2. Entweder wir kaufen eine Karte für ein Popkonzert	oder	wir sehen uns ein Musical an.
2. Entweder kaufen wir eine Karte für ein Popkonzert	oder	wir sehen uns ein Musical an.
2. Wir kaufen entweder eine Karte für ein Popkonzert	oder	wir sehen uns ein Musical an.
3. Entweder wir gehen im Stadtpark spazieren	oder	wir nehmen an einer Hafenrundfahrt teil.
3. Entweder gehen wir im Stadtpark spazieren	oder	wir nehmen an einer Hafenrundfahrt teil.
3. Wir gehen entweder im Stadtpark spazieren	oder	wir nehmen an einer Hafenrundfahrt teil.
4. Entweder wir besuchen das Hafenfest	oder	wir gehen auf das Straßenfest in Barmbeck.
4. Entweder besuchen wir das Hafenfest	oder	wir gehen auf das Straßenfest in Barmbeck.
4. Wir besuchen entweder das Hafenfest	oder	wir gehen auf das Straßenfest in Barmbeck.

5 *Mögliche Lösung:* In dem Hörkrimi „Kalt erwischt in Hamburg" (von Cordula Schurig) geht es um den Trompeter im Hamburger Michel, Klaas Hansen, der verschwunden ist.
Man hört vier Szenen: Die erste Szene spielt abends im Pfarrhaus. Henrik Dirkheide, Pastor und Freund von Klaas, Birgit Brandt, Journalistin und Klaas' Freundin Nele Lühders suchen den Trompeter und machen sich große Sorgen. Frau Brandt hat Klaas mit Ole Wilken auf der Reeperbahn gesehen. Die zweite Szene spielt etwa zur gleichen Zeit am Hafen, im Container-Terminal. Ole Wilken, der eifersüchtige Exfreund von Nele, bedroht Klaas Hansen mit einem Messer. Klaas will fliehen, wird aber von Ole niedergeschlagen. In Szene 3 finden Nele und der Pastor Ole. Der möchte nun wieder mit Nele zusammen sein und belästigt sie. Als der Pastor Nele zur Hilfe kommt, bedroht ihn Ole mit dem Messer. Nele, die einen Selbstverteidigungskurs gemacht hat, hilft dem Pastor und die beiden fesseln Ole. Später finden sie Klaas in einem Kühlcontainer. Die letzte Szene spielt an Klaas' Krankenbett im Krankenhaus. Es geht ihm gut. Der Pastor erzählt ihm, wie Nele Ole überwältigt hat, der nun im Gefängnis ist.
Der Hörkrimi ist sehr spannend erzählt. Er ist gut zu verstehen und klingt besonders authentisch, weil die Sprecher einen Hamburger Akzent haben.
6 2. verpasst • 3. putzen • 4. Presse • 5. stolz • 6. Pizza • 7. Schutz • 8. Campus • 9. rechts • 10. Kompetenz • 11. Musical • 12. konzentrieren • 13. Hals • 14. offiziell • 15. Gleis • 16. spezial • 17. exzellent • 18. Hitze

22 Ab die Post

1a 2. das Porto • 3. das Einschreiben • 4. der Empfänger • 5. die Briefmarke • 6. die Sendungsdauer • 7. die Zollerklärung • 8. der Paketinhalt • 9. der Absender • 10. der Standardbrief • 11. das Gewicht • 12. die Paketsendung

1b … Bergstraße 133, 82041 Oberhaching, Deutschland / D-82041 Oberhaching

2a 2. irgendwo 3. irgendwohin • 4. irgendwoher • 5. irgendwie • 6. irgendwer

2b A: irgendjemanden / irgendwen • D: irgendjemandem / irgendwem

2c 2. irgendwer / irgendjemand 3. irgendwem / irgendjemandem • 4. irgendwen / irgendjemanden • 5. irgendwem / irgendjemandem • 6. irgendwem / irgendjemandem

2d 2. Hast du ihn irgendwohin gelegt? • 3. Nein, niemand hat ihn mitgenommen. • 4. Nein, nichts Wichtiges. • 5. Nein, ich finde ihn bestimmt nie wieder.

2e Tipp: Akk.: irgendeinen • Neutr: irgendeins

2f 2. irgendeins 3. irgendwem • 4. irgendwer • 5. irgendeiner • 6. irgendjemandem • 7. irgendwelche

3a 2. der Postkasten • 3. das Postpaket • 4. das Postauto • 5. das Postamt • 6. der / die Postangestellte • 7. die Luftpost • 8. der Poststempel • 9. die Postkarte

3b **Verbstamm + ung + s + Nomen:** die Landungsbrücke • der Rechnungsbetrag • der Rettungsdienst • das Übungsbuch • das Untersuchungsergebnis • **Präfix + Verbstamm + ung + s + Nomen:** die Abteilungsbesprechung • der Nachforschungsauftrag • das Rücksendungsformular • das Vernehmungsprotokoll • das Versicherungsformular

4a 3. sie wusste • sie würde wissen • 4. ihr solltet • ihr solltet • 5. Sie gingen • Sie gingen / Sie würden gehen 6. ich beschwerte mich • ich würde mich beschweren • 7. du kamst mit • du käm(e)st mit / würdest mitkommen • 8. sie wurden • sie würden • 9. sie musste • sie müsste • 10. er kannte • er kennte / würde kennen • 11. ich versprach • ich würde versprechen • 12. ihr dachtet • ihr dächtet / würdet denken • 13. wir konnten • wir könnten • 14. sie kauften ein • sie würden einkaufen • 15. Sie fanden • Sie fänden / würden finden • 16. er brachte • er brächte / würde bringen • 17. ich wollte • ich wollte • 18. ihr hattet • ihr hättet • 19. er gab • er gäbe / würde geben • 20. du warst • du wär(e)st

4b 2. Wenn er die Paketnummer hätte, würde er im Internet nachschauen. / Hätte er die Paketnummer, würde er im Internet nachschauen. • 3. Wenn er Zeit hätte, könnte er sich um das Päckchen kümmern. / Hätte er Zeit, könnte er sich um das Päckchen kümmern. • 4. Wenn das Päckchen da wäre, wäre Barbara nicht traurig. / Wäre das Päckchen da, wäre Barbara nicht traurig. • 5. Wenn die Adresse nicht falsch wäre, käme der Brief nicht zurück. / Wäre die Adresse nicht falsch, käme der Brief nicht zurück. • 6. Wenn die Postangestellte wüsste, wo das Paket ist, könnte sie uns helfen. / Wüsste die Postangestellte, wo das Paket ist, könnte sie uns helfen.

4c *Mögliche Lösung:* 2. Wenn ich noch einmal 6 Jahre alt wäre, würde ich Klavier spielen lernen. • 3. Wenn ich Geld hätte, würde ich eine Weltreise machen. • 4. Wenn ich Micky Maus wäre, hätte ich viel Zeit. • 5. Wenn ich ein Instrument sehr gut spielen könnte, wäre ich sehr glücklich. • 6. Wenn ich auf einer Insel leben würde, wäre mir schnell langweilig. • 7. Wenn ich Chef / in wäre, würde ich meine Mitarbeiter motivieren. • 8. Wenn ich ein Genie wäre, würde ich große Erfindungen machen.

5 2. …, die Zustellung würde nicht lange dauern. • 3. …, es gäbe keine Probleme beim Zoll. • 4. …, der Service wäre gut. • 5. …, das Porto würde ausreichen. • 6. …, das Einschreiben würde wenig(er) kosten. • 7. …, der Standardbrief würde länger brauchen.

6a 2r • 3f • 4r • 5f • 6r

6b *Mögliche Lösung:* … Es gibt leider drei Kritikpunkte: Erstens waren drei Briefe geöffnet und zweitens war ein Päckchen aufgerissen. Drittens ist meine Wochenzeitung im letzten Monat zweimal nicht zugestellt worden, einmal war sie nass und schmutzig. Und ein anderes Mal war sie im Briefkasten von meiner Nachbarin. Ich finde, das reicht jetzt. Es kann ja mal Probleme geben, aber so viele sind ungewöhnlich und ich kann das nicht verstehen. Ich habe mich schon einmal telefonisch beschwert, aber es hat sich nichts geändert. Sie sind für die korrekte Zustellung der Post zuständig und ich erwarte, dass Sie die Situation prüfen und schnellstmöglich verbessern.
Mit freundlichen Grüßen
…

23 Studium in Deutschland

1a **Nomen (+ Artikel):** die Eignungsprüfung • die Fachhochschule • die Fakultät • die Hochschulreife • der Meistertitel • die Naturwissenschaften • die Pädagogik • die Regelstudienzeit • die Universität • **Verben:** absolvieren • betragen • einschreiben • hospitieren • integrieren • **Adjektive:** allgemeine • anerkannt • schwierig • staatlich • theoretisch • praxisorientiert

1b 2. Allgemeine Hochschulreife • 3. einschreiben • 4. theoretisch • 5. absolvieren • 6. hospitieren • 7. Fakultät • Fakultät • 8. Pädagogik

1c … bedeutet, dass … • … heißt, dass … • Das Gegenteil / Antonym von … ist … • Das Synonym von … ist … • Die Bedeutung von … ist … • … steht für … • Die Definition von … ist …

2a 2. Das Studium an einer FH ist praxisorientiert, daher findet Marek es interessant. • 3. Eva will später Lehrerin werden, darum hospitiert sie in einem Gymnasium. • 4. Mirte will praktische Erfahrungen sammeln, deswegen macht sie ein Praktikum. • 5. Da Daniel Dolmetscher werden will, studiert er Anglistik und Germanistik. / Daniel studiert Anglistik und Germanistik, da er Dolmetscher werden will. • 6. Kristin übt jeden Tag 3 Stunden Klavier, denn sie hat bald ein wichtiges Konzert.

2b 2. Kristin übt täglich, sie will sich nämlich gut auf ein Konzert vorbereiten. • 3. Daniel geht gerne in die Mensa, dort trifft er nämlich seine Freunde. • 4. Wir müssen uns beeilen, wir wollen nämlich einen guten Sitzplatz bekommen. • 5. Ich rufe dich heute an, ich muss dir nämlich etwas Wichtiges erzählen.

2c 2. Wegen zu hoher Studentenzahlen. • 3. Wegen dem blöden Kerl. • 4. Wegen der Zulassungsbedingung. • 5. Wegen des Geldes. / Wegen dem Geld.

2d 2. Kristin übt jeden Tag mehrere Stunden, denn sie träumt von einer Solokarriere. • 3. Marek macht einen Englischkurs, weil er gute Englischkenntnisse haben muss. • 4. Wegen des schnellen Einstiegs ins Berufsleben studiert Bernd an einer FH. • 5. Eric will an einer deutschen Uni studieren, deswegen muss er schnell Deutsch lernen. • 6. Antoine spricht viele Sprachen. Er möchte nämlich für eine internationale Organisation arbeiten.

3a 2. Obwohl ein Studium im Ausland für Havel sehr wichtig ist, möchte er in seiner Heimat studieren. • 3. Sie möchte Physik studieren, obwohl sie Schwierigkeiten in Mathematik hat. / Sie hat Schwierigkeiten in Mathematik. Trotzdem möchte sie Physik studieren.

3b 2. Brit hat Medizin studiert, dennoch / trotzdem möchte sie auf eine Kunsthochschule gehen. • Obwohl Brit Medizin studiert hat, möchte sie auf eine Kunsthochschule gehen. • 3. Robins Regelstudienzeit beträgt 6 Semester, dennoch / trotzdem studiert er 10 Semester. • Obwohl Robins Regelstudienzeit 6 Semester beträgt, studiert er 10 Semester. • 4. Die Studiengebühren sind sehr hoch, dennoch / trotzdem will Farid unbedingt an einer privaten Uni studieren. • Obwohl die Studiengebühren sehr hoch sind, will Farid unbedingt an einer privaten Uni studieren. • 5. Nesrin hat schlechte Noten in Deutsch, dennoch / trotzdem möchte sie Deutsch auf Lehramt studieren. • Obwohl Nesin schlechte Noten in Deutsch hat, möchte sie Deutsch auf Lehramt studieren. • 6. Kim hat sehr gute Noten, dennoch / trotzdem bricht sie ihr Studium ab. • Obwohl Kim sehr gute Noten hat, bricht sie ihr Studium ab.

3c 2. Zwar ist das Studium in Deutschland sehr anstrengend, aber Marek will gerne in Deutschland studieren. / Das Studium ist zwar in Deutschland sehr anstrengend, Marek will aber gerne in Deutschland studieren. / Das Studium in Deutschland ist zwar sehr anstrengend, Marek will in Deutschland aber gerne studieren. • 3. Zwar unterstützen Mareks Eltern sein Studium, aber er will nebenbei arbeiten. / Mareks Eltern unterstützen zwar sein Studium, er will aber nebenbei arbeiten. / Mareks Eltern unterstützen sein Studium zwar, er will nebenbei aber arbeiten. • 4. Zwar ist Marek in Mathematik nicht gut, aber er möchte gern Betriebswirtschaft studieren. / Marek ist zwar in Mathematik nicht gut, er möchte aber gern Betriebswirtschaft studieren. / Marek ist in Mathematik zwar nicht gut, er möchte aber gern Betriebswirtschaft studieren. • 5. Zwar kann er sich ein eigenes Appartement in der Stadt leisten, aber er wohnt in einer WG. / Er kann sich zwar ein eigenes Appartement in der Stadt leisten, er wohnt aber in einer WG. / Er kann sich ein eigenes Appartement in der Stadt zwar leisten, er wohnt aber in einer WG. • 6. Zwar hat sich Marek in letzter Zeit gut informiert, aber er ist über weitere Tipps froh. / Marek hat sich zwar in letzter Zeit gut informiert, er ist aber über weitere Tipps froh. / Marek hat sich in letzter Zeit zwar gut informiert, er ist über weitere Tipps aber froh.

4a **haben:** du hättest • er / sie / es hätte • wir hätten • ihr hättet • sie / Sie hätten • **sein:** ich wäre • du wär(e)st • er / sie / es wäre • wir wären • ihr wär(e)t • sie / Sie wären • **können:** ich könnte • du könntest • er / sie / es könnte • wir könnten • ihr könntet • sie / Sie könnten • **dürfen:** ich dürfte •

du dürftest • er / sie / es dürfte • wir dürften • ihr dürftet • sie / Sie dürften • **sollen:** ich sollte • du solltest • er / sie / es sollte • wir sollten • ihr solltet • sie / Sie sollten • **müssen:** ich müsste • du müsstest • er / sie / es müsste • wir müssten • ihr müsstet • sie / Sie müssten • **werden:** ich würde • du würdest • er / sie / es würde • wir würden • ihr würdet • sie / Sie würden

4b *Mögliche Lösung:* 2. Wenn ich sie wäre, würde ich in eine WG ziehen. • 3. An ihrer Stelle würde ich ein Praktikum machen. • 4. Ich, an seiner Stelle würde ein Auslandssemester machen. • 5. An ihrer Stelle würde ich viel lernen.

4c 2. Wenn ich doch Englisch sprechen könnte! / Könnte ich doch Englisch sprechen! • 3. Wenn ich doch sportlich wäre! / Wäre ich doch sportlich! • 4. Wenn ich doch Süßes essen dürfte! / Dürfte ich doch Süßes essen!

5a 2. Trotz seines Studiums der politischen Wissenschaften arbeitete er als Regieassistent. • 3. Trotz seiner großen Karriere als Herzchirurg gab er den Beruf auf. • 4. Trotz seines Alters von 57 Jahren ist er in ganz Europa mit seinem LKW unterwegs. • 5. Trotz seiner Promotion zum Dr. med. fand sie keinen Ausbildungsplatz im Krankenhaus. • 6. Trotz ihres Berufes als Psychiaterin ist sie in Österreich als Kabarettistin bekannt.

5b …1962 machte er Abitur und studierte dann an der Stuttgarter Hochschule für Musik und Darstellende Kunst. 1963 brach er sein Studium ab und feierte / hatte sein Debüt am Landestheater Tübingen. Später hatte er ein Engagement am Wiener Theater in der Josefstadt. Seit 1972 ist er Mitglied und Regisseur am Wiener Burgtheater und Professor am Max-Reinhardt Seminar in Wien. 1981 wurde er mit seiner Hauptrolle im Film „Mephisto", einer Verfilmung des Klaus-Mann-Buches, berühmt. 1985 wurde er für die beste Nebenrolle in „Jenseits von Afrika" für den Oscar nominiert. Er bekam in den USA, Österreich und Deutschland viele Preise. Heute lebt Klaus Maria Brandauer in Altaussee, Wien, Berlin und New York.

24 Mit der Natur arbeiten

1 1. Die Stiftung Bergwaldprojekt organisiert einwöchige Projekte für Freiwillige. Fachleute zeigen die Arbeit im Wald und erklären das Ökosystem des Waldes. Die Freiwilligen sind junge Leute ab 18 Jahren, die keine Vorkenntnisse auf dem Gebiet brauchen. Sie lernen, wie man den Wald erhält und pflegt. Sie wohnen dort sehr einfach, weil Alphöfe kein Warmwasser und keinen Strom haben. Sie müssen früh aufstehen und selbst kochen. • 2. Wer praktische Erfahrung in der Bergwelt sammeln will, der sollte sich bei WWOOF bewerben. Alle Leute können mitmachen. Die Voraussetzungen: Die Teilnehmer sollten mindestens 17 Jahre alt sein und Lust haben, einen neuen Bereich kennenzulernen. Bei WWOOF lernen die Freiwilligen, wie man biologisch Gemüse anbaut und wie Tiere gezüchtet werden. Sie erfahren, wie schwer es ist, ohne giftige Schädlingsmittel zu arbeiten.

2a 2. Die Freiwilligen müssen Mitglied werden, damit WWOOF ihnen Infos schickt. • 3. Um bei der Stiftung arbeiten zu können, muss man volljährig sein. • 4. Die Interessenten brauchen keine Vorkenntnisse, um auf einem Alphof zu arbeiten. • 5. Die Freiwilligen brauchen Bergschuhe, um beim Bergwaldprojekt mitarbeiten zu können. • 6. Die Fachleute betreuen die Freiwilligen, damit sie die Bergwelt besser kennenlernen.

2b 2. Man braucht viel Erfahrung, um guten Käse herzustellen. • 3. Um Landwirtschaft zu studieren, braucht Bernd kein Praktikum. • 4. Die WWOOFer kommen, um die Bergbauern zu unterstützen. • 5. Um mitzumachen, sind keine Vorkenntnisse nötig.

3a Der Notizzettel 2 ist klarer strukturiert, denn man sieht seine Struktur schon am klaren Aufbau.

3b **Zettel 1:** 3, 4 • **Zettel 2:** 2, 3, 4, 5, 6 • Z • Zettel 2 ist besser. Er präsentiert die wichtigsten Informationen kurz und übersichtlich in einer Tabelle und man kann auf den ersten Blick die Vor- und Nachteile der Arbeitsangebote erkennen.

4 *Mögliche Lösung:* … ein Praktikum machen. Ich hätte noch einige Fragen. Könnten Sie mir bitte mitteilen, ob Sie im Juli noch einen Praktikumsplatz haben? Ich wüsste auch gern, ob ich bei Ihnen die Käseherstellung erlernen kann. Wie sieht es mit der Unterkunft und der Verpflegung aus? Ich danke Ihnen schon jetzt für Ihre Auskunft. Mit freundlichen Grüßen …

5a 2. träumen von + D. • 3. sich interessieren für + A. • 4. sich freuen auf + A. / über + A. • 5. sich bedanken für + A. / bei + D. • 6. denken an + A. / denken von + D. / denken über + A. • 7. sich entschließen zu + D. • 8. sich verlassen auf + A.

5b 2. interessiert … für • 3. freut … auf • 4. verlässt … auf • 5. denkt … an • 6. träumt von • 7. entschließt … zu • 8. bedankt … bei … für

6 2. Worauf freut sich Bernd? – Er freut sich darauf, bei Frau Egger zu arbeiten. • 4. Worauf verlässt sich Frau Egger? – Sie verlässt sich darauf, dass Bernd drei Monate auf dem Hof arbeitet. • 5. Woran denkt Bernd? – Er denkt daran, Landwirtschaft zu studieren. • 6. Wovon träumt Bernd? – Er träumt

davon, einen eigenen Biohof zu haben. • 7. Wozu entschließt sich Bernd? – Er entschließt sich dazu, ein Praktikum zu machen. • 8. Wofür bedankt sich Bernd bei Frau Egger? – Er bedankt sich bei ihr dafür, dass er eine gute Zeit auf dem Hof hatte.

7a/b Frau Egger hat Bernds Bewerbung bekommen. Dafür hat sie sich bedankt. Frau Egger zahlt Bernd kein Taschengeld. Bernd braucht darüber nicht nachzudenken, denn er hat Geld gespart. Außerdem sorgt Frau Egger für Unterkunft und Verpflegung. Darauf kann sich Bernd verlassen. Frau Egger war früher selbst mit WWOOF auf einem Hof in Slowenien. Davon hat Frau Egger Bernd erzählt. Bernd arbeitet vom 1. Juni bis 31. August auf dem Hof von Frau Egger. Das ist für Familie Egger sehr wichtig. Bernd freut sich sehr darauf, dass er direkt am 1. Juni auf dem Hof anfängt. • Vorwärtsverweis: Bernd freut sich sehr darauf, dass er direkt am 1. Juni auf dem Hof anfängt.

8a 2. spannende • 3. blühenden • 4. geborene • 5. umgebauten • 6. leuchtendes • 7. auftretende • 8. organisierten • 9. interessierten • 10. steigende • 11. kommenden

8b 2. aufregendste • 3. anstrengendere • 4. spannendere • 5. gefragtesten • 6. erfahrensten • 7. spannendsten

8c 3. Die Professorin lobt die mitarbeitenden Studenten. • 4. Die Psychologin löst die auftretenden Probleme. • 5. Der Kellner serviert gebratene Nudeln. • 6. Die Kinder hassen gekochtes Gemüse. • 7. Der Kollege erzählt von einer aufregenden Geschäftsreise. • 8. Der Chef hielt einen gut besuchten Vortrag.

9 1. er fängt an • 2. fehlen – empfehlen • 3. viel – du fielst • 4. fair – verreisen • 5. das Pferd – er fährt • 6. die Form – vorn

25 Die Kunst (keine) Fehler zu machen

1a 2. Sie winken sich zu. • 3. Sie nicken sich zu. • 4. Sie küssen sich auf die Wange. • 5. Sie umarmen sich.

1b 2. das Winken • 3. das Nicken • 4. der Wangenkuss • 5. die Umarmung

1c Foto 2: informell • Foto 3: formell • Foto 4: informell • Foto 5: informell

2a 2. Wir freuen uns auf das Wochenende. • 3. Sie entspannen sich immer sonntags. • 4. Wie begrüßt man sich formell? • 5. Küsst ihr euch zur Begrüßung? • 6. Warum ärgerst du dich darüber?

2b **Reziprok:** 4 • 5 • **Reflexiv:** 2 • 3 • 6

2c 1b • 2a

2d 2. Dann küssten sie einander zur Begrüßung. • 3. Sie lernten einander besser kennen. • 4. Sie schrieben einander regelmäßig E-Mails. • 5. Schließlich verliebten sie sich ineinander. • 6. Doch dann hatten sie Probleme miteinander. • 7. Sie sahen einander nicht mehr an. • 8. Aber sie dachten noch oft aneinander.

2e 2. voneinander / miteinander • 3. miteinander • 4. aufeinander • 5. umeinander • 6. übereinander / voneinander

2f 2. … man sich gegenseitig hilft. • 3. … man sich gegenseitig respektiert. • 4. … man sich gegenseitig unterstützt. 5. … man sich gegenseitig Tipps gibt.

3a 2. Liebe Frau Beyer, herzlichen Dank nochmals, dass Sie meine Pflanzen gegossen haben. Viele liebe Grüße, Ihre … • 3. Hallo Tom, wollen wir um 13 Uhr gemeinsam in der Kantine essen? Tschüss, … • 4. Sehr geehrte Damen und Herren, hiermit möchte ich die Buchung eines EZ für Herrn Schmidt vom 1. bis 3. Dezember 20.. bestätigen. Mit freundlichen Grüßen, …

3b *Mögliche Lösung:* … wir sind gerade in Sankt Peter Ording, direkt an der Nordsee. Die Seeluft ist herrlich. Es ist nicht zu heiß, weil der Wind frisch ist. Wir sind jeden Tag am Strand und machen lange Spaziergänge. Abends gehen wir in ein kleines Fischrestaurant. Stellen Sie sich vor, gestern bin ich zum ersten Mal geritten. Das war toll. Ich hoffe, Sie haben auch eine schöne Zeit?! Herzliche Grüße von der Nordsee, Ihr(e) …

3c *Mögliche Lösung:* …, ich interessiere mich sehr für den B2-Kurs „Deutsch als Fremdsprache". Ich habe deshalb noch einige Fragen: Was kostet der Sprachkurs? Wann beginnt der nächste Kurs und wie lange dauert er? Könnten Sie mir die Kurstermine mitteilen? Wie viele Teilnehmer sind in einer Gruppe? Und: Wie kann ich mich anmelden? Es wäre schön, wenn Sie mir ein Kursprogramm schicken könnten. Vielen Dank im Voraus. Mit freundlichen Grüßen, …

4 2. falscher Artikel: Der Film … • 3. falsche Personalendung: Kommt ihr … • 4. falsches Hilfsverb: Er ist gefahren… • 5. falsche Adjektivendung: … bekannten Firma • 6. falscher Kasus: … Sie etwas fragen? • 7. falsche Verbstellung: Malika soll das Teammeeting leiten. • 8. Falscher Konnektor: Da / Weil sie schlecht geschlafen hat, … • 9. Falsche Wortstellung nach Konnektor: …, weil niemand perfekt ist.

5a 2a • 3f • 4c • 5b • 6d
2. Malikas Schreibtisch steht am Fenster, sodass sie einen schönen Ausblick hat. • 3. Malika findet die Kollegen sehr nett, sodass sie sie auch privat trifft. •

5. Malika arbeitet so lange, dass sie am Abend sehr müde ist. • 6. Malika hat so viele deutsche Spezialitäten probiert, dass sie zugenommen hat.
5b 2. Das Konzert ist ausverkauft. Folglich wurde der Kartenverkauf beendet. / Der Kartenverkauf wurde folglich beendet. (f) • 3. Astrid hat den Zug verpasst. Also muss sie auf den nächsten Zug warten. / Sie muss also auf den nächsten Zug warten. (i) • 4. Der Vortragsraum ist zu klein. Folglich können nicht alle Zuhörer sitzen. / Alle Zuhörer können folglich nicht sitzen. (f) • 5. Malika ist stark erkältet. Also kann sie nicht mit uns ins Schwimmbad gehen. / Sie kann also nicht mit uns ins Schwimmbad gehen. (i) • 6. Die Kursgebühr ist sehr hoch. Folglich können viele Interessenten sich nicht anmelden. / Viele Interessenten können sich folglich nicht anmelden. (f)
6 2. sodass • 3a/b. entweder … oder • 4. wenn • 5. oder • 6. trotzdem • 7. weil • 8. dass • 9. aber • 10. sondern • 11. Als • 12a/b. zwar … aber • 13. obwohl • 14. damit
7a 2P • 3P • 4K • 5P • 6A • 7A • 8 PAP
7b 2. dass • 3. das • 4. das • 5. das • 6. das • 7. Dass • 8. das
8 2. die Alp – der Urlaub • 3. der Auftrag – der Dank • 4. der Kandidat – die Geduld • 5. schlank – lang • 6. der Pop – der Job • 7. elegant – wütend • 8. der Dieb – der Typ • 9. der Tod – tot

26 Auf nach Dresden!

1a 2. der Arbeitgeber, - • 3. die Probezeit, -en • 4. das Gehalt, ⸚er • 5. der Arbeitnehmer, - • 6. die Gleitzeit • 7. die Kündigung, -en • 8. das Arbeitsverhältnis, -se • 9. die Überstunde, -n • 10. die Kernarbeitszeit • 11. der Nettolohn, ⸚e
1b *Mögliche Lösung:* … Die Stelle ist unbefristet und ich habe eine Probezeit von 6 Monaten. Das Gehalt ist gut, monatlich 4.038 € brutto. Ich habe eine 40-Stunden-Woche, von Montag bis Freitag, mit einer Kernarbeitszeit von 10 bis 15 Uhr. Wenn ich mehr als 10 Überstunden im Monat mache, kann ich sie in Freizeit umwandeln. Mein Urlaub beträgt 30 Arbeitstage. Am 1. Juli fange ich an. Ich freue mich schon sehr auf Dresden. …
2a 2a • 3a • 4b • 5a • 6a • 7b
2b 1. Sätze …, 7 • 2. Sätze 1, 3, 4, 5, 6
2c 2f • 3a • 4b • 5g • 6c • 7h • 8e
2d 2. Nein, ich lasse ihn bei den Nachbarn. • 3. Nein, wir lassen uns das Essen bringen. • 4. Ja, ich lasse ihn an meinem PC arbeiten. • 5. Nein, er lässt sie von seiner Sekretärin organisieren. • 6. Nein, ich lasse sie im Büro. • 7. Ja, der Chef lässt euch / Sie früher gehen. • 8. Nein, das lassen wir von einer Firma machen.
2e 2. Er hat sich die Bücher mit der Post schicken lassen. • 3. Ich habe ihn mit meinem Handy telefonieren lassen. • 4. Warum habt ihr euch nicht abholen lassen?
2f 2. Hast du deinen Hund mitgenommen? – Nein, ich habe ihn bei den Nachbarn gelassen. • 3. Habt ihr in der Kantine gegessen? – Nein, wir haben uns das Essen bringen lassen. • 4. Ist der Praktikant deinen Computer benutzen dürfen? – Ja, ich habe ihn an meinem Computer arbeiten lassen. • 5. Hat der Chef die Besprechung selbst organisiert? – Nein, er hat sie von der Sekretärin organisieren lassen. • 6. Haben Sie die Unterlagen mitgenommen? – Nein, ich habe sie im Büro gelassen. • 7. Haben Sie / habt ihr am Freitag früher gehen können? – Ja, der Chef hat uns früher gehen lassen. • 8. Habt ihr die Umzugskartons selbst gepackt? – Nein, wir haben sie von einer Firma packen lassen.
3a 2. der Sportler, - / die Sportlerin, -nen (Plural bei 3 – 8 gleich) • 3. der Musiker / die Musikerin • 4. der Muttersprachler / die Muttersprachlerin • 5. der Wissenschaftler / die Wissenschaftlerin • 6. der Unternehmer / die Unternehmerin • 7. der Buchhändler / die Buchhändlerin • 8. der Arbeitnehmer / die Arbeitnehmerin
3b maskulin • -erin / -lerin • Singular • -nen
4a 2. Nein, wir sehen sie noch im Flur stehen. • 3. Ja, ich höre ihn telefonieren. • 4. Ja, ich höre sie lachen. • 5. Doch, ich sehe ihn gerade um die Ecke biegen. • 6. Nein, ich höre sie noch sprechen.
4b 1. Das Perfekt von „hören", „sehen" + Infinitiv bildet man mit „haben" + Infinitiv. • 2. Im Perfekt stehen „hören", „sehen" nach dem Infinitiv des 2. Verbs.
4c 2. Sind die Kollegen schon in die Besprechung gegangen? – Nein, wir haben sie noch im Flur stehen sehen. • 3. Ist der Chef noch in seinem Büro gewesen? – Ja, ich habe ihn telefonieren hören. • 4. Ist die Sekretärin gut gelaunt gewesen? – Ja, ich habe sie lachen hören. • 5. Ist der Techniker heute nicht gekommen? – Doch, ich habe ihn gerade um die Ecke biegen sehen. • 6. Ist die Besprechung schon zu Ende gewesen? – Nein, ich habe sie noch sprechen hören.

4d 2. Ja, ich lerne gerade Russisch sprechen. • 3. Nein, wir bleiben lieber liegen. • 4. Nein, ich bin sitzen geblieben. • 5. Nein, ich bin stehen geblieben. • 6. Ja, mit 5 Jahren habe ich Klavier spielen gelernt.
5a *Mögliche Lösung:*

Begrüßung → „Tag der offenen Tür"

Neues Firmengebäude

Rede → Anfänge der Herstellung von Mikrochips in Dresden

Dresden = Standort Nr. 1 der Halbleiterindustrie in Europa

Inchip: Gründung, Mitarbeiter, Herstellung, Ziele

Kooperation: Wirtschaft – Wissenschaft

Besichtigung → Abteilungen

Cafeteria

5b *Mögliche Lösung:* … Der Geschäftsführer von Inchip präsentierte den zahlreichen Gästen das neue Firmengebäude. Vorher erinnerte er in einer kurzen Rede an die Anfänge der Chipherstellung in Dresden. Er machte deutlich, dass Dresden heute der Standort Nr. 1 von der europäischen Halbleiterindustrie ist. Außerdem informierte er über wichtige Daten der Firmengeschichte. Wichtig ist außerdem noch die Information, dass Inchip mit den Schulen und Hochschulen des Landes Sachsen eng kooperiert. Die Besichtigung endete in der neuen Cafeteria, wo sich die Gäste nach dem informativen Rundgang erfrischen konnten.
6a 2. gehen • 3. kommen • 4. fahren • 5. machen • 6. kaufen
6b 2n • 3j • 4j • 5n • 6n • 7j • 8j
6c 2. Gaby möchte ein neues Sofa. • 3. Christian und seine Freunde wollen in die Semperoper. • 4. Mögt ihr Nusstorte?
7 2. Er hat den Projektplan schreiben müssen. • 3. Er hat in der Sächsischen Schweiz klettern wollen. • 4. Er hat die neuen Chips testen müssen. • 5. Er hat mit Gaby eine Dampferfahrt machen wollen. • 6. Er hat nach Leipzig gewollt.

27 Geschichten und Gesichter Berlins

1a 2. spielten • 3a/b. fand … statt • 4. erhielten • 5. zeigte • 6a/b. waren … gezogen • 7. erzählten • 8. gab • 9. leitete • 10. verwöhnten
1b 2. Zwei junge Pianisten haben Stücke vom Barock bis Moderne gespielt. • 3. In Warschauer und Berliner Gymnasien hat ein Quiz über die Partnerstadt stattgefunden. • 4. Die Gewinner haben die Preise bei einem Festakt erhalten. • 5. Royston Maldoom hat ein Tanzprojekt mit jungen Berlinern und Warschauern geleitet. • 6. Junge Köche haben die Gäste mit einem internationalen Menü verwöhnt.
2a 2. Nachdem wir ein gutes Hotel gefunden hatten, haben wir uns gefreut. • 3. Nachdem wir uns ausgeruht hatten, sind wir zu Marlene gefahren. • 4. Nachdem wir mit ihr Kaffee getrunken hatten, sind wir auf dem Ku'damm spazieren gegangen. • 5. Nachdem wir einen langen Spaziergang gemacht hatten, haben mir die Füße ziemlich wehgetan.
2b 2. Nachdem ich die Hausarbeit abgegeben habe, will ich in Urlaub fahren. / Ich will in Urlaub fahren, nachdem ich die Hausarbeit abgegeben habe. • 3. Nachdem ich mein Studium beendet habe, möchte ich ein Praktikum machen. / Ich möchte ein Praktikum machen, nachdem ich mein Studium beendet habe. • 4. Nachdem ich das Praktikum absolviert habe, will ich eine Stelle im Ausland suchen. / Ich will eine Stelle im Ausland suchen, nachdem ich das Praktikum absolviert habe.
2c 2. Wenn Marlene ihre Hausarbeit erledigt hat, ist sie froh. • 3. Wenn Marlene ihr Praktikum beendet hat, will sie im Ausland arbeiten. • 4. Als Marlene und Karl eine Berlintour gemacht hatten, waren sie ganz kaputt.
3a 2b • 3b • 4a • 5a • 6b • 7a
3b 2. Präsens • 3. Hauptsatz • 4. gleichen
3c 2. während • 3. Nach • 4. Vor • 5. Während • 6. Nach

3d/e Adverb: dann • vorher, davor • dabei, währenddessen • **Präposition:** nach + D. • vor + D.

3e 2. Während sie im Bus saß, las sie die Tageszeitung. • 3. Bevor sie ausgestiegen ist, hat sie die Tageszeitung ihrer Sitznachbarin gegeben. • 4. Als sie mit dem Bus wegfuhr, merkte sie, dass ihre Tasche weg war. • 6. Während sie mit dem Polizisten spricht, wird sie ruhig. • 7. Nachdem sie das Protokoll unterschrieben hat, ist sie froh.

3f 2. Tausende Gebäude waren zerstört worden. • 3. Das U-Bahn-Netz war stark beschädigt worden. • 4. Kunstgegenstände waren gestohlen worden. • 5. Die Gedächtniskirche war zerstört worden.

3g 2. Nachdem die Mauer abgerissen worden war, entstanden neue Wohngebiete. • 3. Nachdem Berlin zur Hauptstadt gemacht worden war, zogen die Regierung und das Parlament nach Berlin um. • 4. Nachdem vieles renoviert und neu gebaut worden war, wurde die Stadt immer attraktiver für Touristen.

4a 2. sich an jdn. wenden • 3. sich auskennen • 4. sich einbilden • 5. scheinen • 6. verbergen

4b 2. … verstehen sie kein Türkisch • 3. … in Wirklichkeit kommen sie aus Griechenland • 4. … waren sie Araber • 5. … habe ich das noch nicht erlebt

4c II • Ende • nach

4d 2. …, als ob er noch jung wäre. / …, als wäre er noch jung. • 3. … sie tut so, als ob sie sie bestanden hätte. / … sie tut so, als hatte sie sie bestanden. • 4. … er tut so, als ob er Berlin nicht kennen würde. / … er tut so, als würde er Berlin nicht kennen. • 5. …, als ob er sie oft besuchen würde. / …, als würde er sie oft besuchen. • 6. … er tut so, als ob er die Geschichte selbst erlebt hätte. / … er tut so, als hätte er die Geschichte selbst erlebt.

5 Einleitung: Der Text ist (Jahr) … bei (Verlag) … erschienen. • (Titel) „…" ist eine Erzählung von (Autor) … • In dem Text von (Autor) … mit dem Titel „…" geht es darum, dass … • **Hauptteil:** Der / Die Autor/in beschreibt, wie … • Als Beispiel/e führt der / die Autor/in … an. • Der / Die Autor/in legt dar, dass … • Außerdem … • Am Ende beschäftigt sich der / die Autor/in mit … • **Schluss:** Zusammenfassend kann man sagen, dass … • Mein Fazit ist: … • Meiner Ansicht nach …

6a 2. … erschienen ist • 3. Die Erzählung handelt von … • 4a/b. Als Beispiel führt der Autor … an. • 5. Am Ende beschäftigt sich der Autor mit … • 6. Zusammenfassend kann man sagen, …

6b *Mögliche Lösung:* … die Bedeutung von Fehlern für den Lehrer und Lerner zu erklären. Die Autorin legt dar, dass die Fehler für Lehrer wichtig sind, weil sie dann merken, was die Lerner noch nicht verstanden oder wieder vergessen haben. Für Lerner sind Fehler wichtig, weil man aus Fehlern lernen kann. Die Autorin meint, dass Fehler viele Ursachen haben können. Als Beispiele führt sie verschiedene Fehlertypen an. Zusammenfassend kann man sagen, dass Fehler eine Chance für Lehrer und Lerner sind, weil beide durch die Fehleranalyse merken, was noch geübt werden muss.

7 2. Entdeckung • 3. Zement • 4. Sektor • 5. Galerie • 6. verbergen • 7. Mächte • 8. Vorhänge • 9. Kindergärten • 10. Tempel • 11. Konsument • 12. Preisträger • 13. Gedenkstätte • 14. Zähne • 15. verfälscht

28 Von hier nach dort – von dort nach hier

1a/b *Mögliche Lösung:* **Nomen / Kompositum:** die Familie, die Fremde, das Klima, der Neuanfang, der Sprachkurs • **Verb (+ Präposition):** einwandern in + A., gehen nach + A., (eine neue Sprache) lernen, (einen Sprachkurs) machen, neu anfangen, (die Familie) vermissen • **Adjektiv:** fremd, international, mutig, neu, neugierig, schwer

1c 2. machen • 3. haben • 4. haben • 5. machen • 6. haben / machen

2a 2. Michaela wird in der Schweiz eine neue Arbeit suchen. • F • 3. In der Schweiz werden Fachkräfte gesucht. • P • 4. Michaelas Mann ist vor zwei Monaten Chefarzt in einem Berner Krankenhaus geworden. • V • 5. Letzte Woche wurden alle Freunde von Michaela informiert. • P • 6. Wirst du Michaela und ihre Familie in Bern besuchen? • F • 7. Das Wiedersehen bei Michaela in Bern wird sicher schön. • V

2b 2S • 3Z • 4S • 5V • 6Z

2c 2. Björns Eltern werden bestimmt froh darüber sein. 3. Das wird wohl eine große Herausforderung für Clara. 4. Ihre deutschen Freunde werden sicher traurig sein, dass sie geht. 5. Für ihren Sohn werden sie schon eine gute Schule finden. 6. Björn wird wohl alles tun, damit der Neuanfang gelingt. 7. Clara und ihre Familie werden sich schon gut integrieren.

2f 2. Wirst du mich wohl in Ruhe lassen! • 3. Wirst du mir wohl endlich antworten! • 4. Werdet ihr euch wohl die schmutzigen Schuhe ausziehen! • 5. Wirst du wohl nicht so frech sein! • 6. Werdet ihr die Musik wohl leiser machen!

3 2. Er kann als Dolmetscher oder Übersetzer arbeiten, weil er in Lissabon Deutsch studiert hat. • 3. Da Bea viele Kontakte in Berlin hat, kann sie ihm bei der Jobsuche helfen. • 4. Da Berlin eine interessante Stadt ist, wird sich Ricardo dort bestimmt nicht langweilen. (Dass Berlin interessant ist, ist allgemein bekannt.) • 5. Weil Ricardo letztes Jahr ein Auslandssemester in Berlin verbracht hat, kennt er die Stadt. • 6. Da es in Berlin im Winter sehr kalt ist, wird er vor allem im Winter das portugiesische Klima vermissen. (Dass es in Berlin im Winter kalt ist, ist allgemein bekannt.)

4a 2f • 3e • 4b • 5c • 6a

4b 2. Sie brauchen nur auf der Internetseite nachzuschauen. • 3. Sie brauchen nur anzurufen. • 4. Sie brauchen nur den Benutzernamen und das Passwort einzugeben. • 5. Sie brauchen nur eine E-Mail zu schreiben. • 6. Sie brauchen nur ein Formular auszufüllen.

4c 2. Müssen wir uns sofort entscheiden? – Nein, Sie brauchen sich nicht sofort zu entscheiden. • 3. Muss ich meine Entscheidung begründen? – Nein, Sie brauchen Ihre Entscheidung nicht zu begründen. • 4. Musst du einen Lehrgang machen? – Nein, ich brauche keinen Lehrgang zu machen. • 5. Müssen wir alle Fragen beantworten? – Nein, ihr braucht nicht alle Fragen zu beantworten. • 6. Muss ich mich vorher anmelden? – Nein, du brauchst dich nicht vorher anzumelden.

5a 2. Beide Elemente treffen nicht zu.: Weder Bert noch Klara kommt aus Tirol. • 3. 2. Element betont: Klara hat nicht nur gearbeitet, sondern sie hat auch Lehrgänge besucht. • 4. Beide Elemente treffen nicht zu.: Bert findet die Gerichte weder aufregend noch preiswert. • 5. Elemente gleich wichtig: Sowohl Berts Chef als auch seine Kollegen sind Österreicher. • 6. 2. Element betont: Ins Restaurant kommen nicht nur Tiroler, sondern auch viele Touristen.

5b 2. Aus Trier kommt weder Bert noch Klara. • 3. Nicht nur gearbeitet hat Klara, sondern auch Lehrgänge (hat sie) besucht. • 4. Die Gerichte findet Bert weder aufregend noch preiswert. • 5. Österreicher sind sowohl Berts Chef als auch seine Kollegen. • 6. Nicht nur Tiroler, sondern auch viele Touristen kommen ins Restaurant.

6 2. Bert mag weder das Theater noch die Oper, aber er geht sehr gerne ins Kino. • 3. Bert überlegt, ob er einen Aufbaulehrgang machen soll, weil er danach Touristikkaufmann wäre und nicht nur ein Unternehmen, sondern auch ein Hotel leiten könnte. • 4. Bert wird sich sowohl in Innsbruck als auch in der Umgebung bewerben, obwohl er nicht nur den Chef, sondern auch seine Kollegen sehr nett findet.

29 Interessieren Sie sich für Politik?

1a 2f • 3i • 4h • 5j • 6b • 7a • 8c • 9d • 10g

1b 2. Bremen: Bremen • 3. Dresden: Sachsen • 4. Düsseldorf: Nordrhein-Westfalen • 5. Erfurt: Thüringen • 6. Hamburg: Hamburg • 7. Hannover: Niedersachsen • 8. Kiel: Schleswig-Holstein • 9. Magdeburg: Sachsen-Anhalt • 10. Mainz: Rheinland-Pfalz • 11. München: Bayern • 12. Potsdam: Brandenburg • 13. Saarbrücken: Saarland • 14. Schwerin: Mecklenburg-Vorpommern • 15. Stuttgart: Baden-Württemberg • 16. Wiesbaden: Hessen

1c/d Der Bundesrat besteht zurzeit aus 69 Mitgliedern der Länderregierungen. Die Länder haben je nach Einwohnerzahl entweder 3, 4, 5 oder 6 Stimmen. Diese können sie nur einheitlich abgeben. Die Hauptaufgabe des Bundesrates besteht darin, bei der Gesetzgebung mitzuwirken. Bei mehr als der Hälfte der Gesetze muss der Bundesrat zustimmen. Das sind vor allem Gesetze, die wichtige Interessen der Länder betreffen. Wenn sich Bundestag und Bundesrat bei einem Gesetzesvorschlag nicht einigen können, muss der Vermittlungsausschuss, der aus Mitgliedern des Bundesrats und des Bundestags besteht, einen Kompromiss finden. Bei Verfassungsänderungen sind 2/3 der Stimmen des Bundesrates notwendig. Der Bundesrat wählt für jeweils ein Jahr seinen Präsidenten. Der Bundesratspräsident vertritt den Bundespräsidenten, wenn dieser verhindert ist.

2a 2. Es unterstützt eine Präsentation oder einen Vortrag. • 3. Nach der Logik des Vortrags. • 4. Vor oder nach dem Vortrag.

2b 2. keine ausformulierten Sätze • 3. Quellenangaben am Schluss • 4. Name des Verfassers gleich am Anfang • 5. ganz oben auf der Seite (Kopf)

3a *Mögliche Lösung:* abwählen • auswählen • die Bundestagswahl • die Mehrheitswahl • die Verhältniswahl • verwählen • der Wähler • die Wählerstimmen • die Wahl • wahlberechtigt • das Wahlergebnis • das Wahlforschungsinstitut • der Wahlkreis • die Wahlpflicht • der Wahlzettel

3b 1. frei, gleich, geheim • 2. alle Deutschen ab 18 Jahre • 3. gibt es nicht • 4. Mehrheitswahl / Verhältniswahl • 5. zwei: Erst- und Zweitstimme • 6. Wahlkreisabgeordneter • 7. Landesliste • 8. Eine Partei muss mindestens 5 Prozent der Stimmen haben, um in den Bundestag zu kommen.

4a 2. Je kleiner der Wahlkreis ist, umso schneller sind die Stimmen ausgezählt. • 3. Je mehr Kandidaten es gibt, desto spannender ist die Wahl. • 4. Je bekannter ein Kandidat ist, umso mehr Chancen hat er. • 5. Je höher eine Partei verloren hat, umso größer ist ihre Enttäuschung.

4b 2. Je wichtiger eine Entscheidung ist, desto länger muss man darüber nachdenken. • 3. Je beliebter ein Politiker ist, desto größer sind seine Wahlchancen. • 4. Je überzeugender ein Kandidat reden kann, umso mehr Erfolg hat er bei den Wählern. • 5. Je unzufriedener die Wähler sind, desto stärker ist die Kritik.

5a 2. Es gibt vieles, wofür ich mich einsetzen will. • 3. Das ist etwas, was er nicht verstehen will. • 4. Es gibt kaum etwas, wofür sie nicht sorgt. • 5. Ist das wirklich alles, was ihr wisst? • 6. Es gibt nichts, was ich ihm nicht erzähle. • 7. Gibt es etwas, wonach wir uns richten können? • 8. Ist das alles, woran er sich erinnern kann?

5b 2. Vor den Wahlen versprechen die Parteien oft vieles, was sie nach den Wahlen nicht immer erfüllen können. • 3. Jack hat am Anfang nichts verstanden, was das deutsche Wahlsystem betrifft. • 4. Das Gespräch, das Jack mit Ralf geführt hat, hat ihm sehr geholfen. • 5. Ein unbekannter Kandidat hat die Wahl gewonnen, was alle überrascht hat. • 6. Es ist das beste Wahlergebnis, das eine Partei jemals erreicht hat.

6

Titel: …   Referent / Referentin: …
Kurs: …
Datum: …

Gliederung
1. Wahlprinzipien: allgemein, unmittelbar, frei, gleich und geheim
2. Wahlsystem: Mischung aus Mehrheitswahl und Verhältniswahl
2.1. Erststimme: Wahl eines Wahlkreiskandidaten (Mehrheitswahl)
2.2 Zweitstimme: Wahl der Landesliste einer Partei (Verhältniswahl)

3. Bundestagswahl
3.1 Sitzverteilung im Bundestag: auf Basis der Zweitstimme berechnet
3.2 Regierungsbildung: absolute Mehrheit der Stimmen im Bundestag notwendig

4. Wahlergebnis 2009
4.1 Wahlergebnis in Prozent
4.2 Sitzverteilung im 17. Deutschen Bundestag

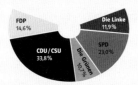

Quellenangaben:
Kilimann, Kotas, Skrodzki, 45 Stunden Deutschland, Stuttgart 2008: Klett
www.tatsachen-ueber-deutschland.de

7a 2. Statt eines Tees trinkt er lieber Kaffee. • 3. Statt einer englischen Zeitung liest er lieber eine deutsche Zeitung. • 4. Statt einer Postkarte schickt er lieber eine SMS. • 5. Statt Rockmusik hört er lieber klassische Musik. • 6. Statt eines Großeinkaufs am Freitag, geht er lieber samstags auf den Markt.

7b 2. Anstatt Tee zu trinken, trinkt er lieber Kaffee. • 3. Anstatt eine englische Zeitung zu lesen, liest er lieber eine deutsche Zeitung. • 4. Anstatt eine Postkarte zu schicken, schickt er lieber eine SMS. • 5. Anstatt Rockmusik zu hören, hört er lieber klassische Musik. • 6. Anstatt am Freitag einen Großeinkauf zu machen, geht er lieber samstags auf den Markt.

8a **Singular:** 2. für manchen Kandidaten • 3. von manchem Kandidaten • 4. trotz manches Kandidaten • 5. manches Gesetz • 6. ohne manches Gesetz • 7. mit manchem Gesetz • 8. wegen manches Gesetzes • 9. manche Wählerin • 10. für manche Wählerin • 11. von mancher Wählerin • 12. trotz mancher Wählerin • **Plural:** 1. manche Kandidaten / Gesetze / Wählerinnen • 2. gegen manche Kandidaten / Gesetze / Wählerinnen • 3. zu manchen Kandidaten / Gesetzen / Wählerinnen • 4. statt mancher Kandidaten / Gesetze / Wählerinnen • 5. einige Mandate • 6. ohne einige Mandate • 7. mit einigen Mandaten • 8. wegen einiger Mandate

8b richtig ist: 2. manchem • 3. einiger • 4. manche • 5. manche

9 2. der Blick • 3. die Republik • 4. die Demokratie • 5. die Fraktion • 6. der Ausdruck • 7. der Aspekt • 8. der Deckel • 9. die Wirkung • 10. die Korrektur • 11. der Kontakt • 12. das Schicksal • 13. das Paket • 14. Päckchen • 15. das Stück

30 Hauptperson Deutsch

1 *Mögliche Lösung:* **Nomen + „-sprache":** die Alltagssprache • die Amtssprache • die Fachsprache • die Muttersprache • die Regionalsprache • die Umgangssprache • die Verkehrssprache • **„Sprach" + Nomen:** die Sprachebene • die Sprachfamilie • der Sprachgebrauch • die Sprachschicht • der Sprachtyp • der Sprachzweig • **Adjektiv + „sprachig" / „-sprachlich":** deutschsprachig • fremdsprachlich • mehrsprachig • **Präfix + „sprechen":** besprechen • nachsprechen • versprechen • vorsprechen

2 2. der Spezial<u>ist</u> • 3. die National<u>ität</u> • 4. die Motiv<u>ation</u> • 5. das Train<u>ing</u> • 6. dialekt<u>al</u> • 7. der Tour<u>ist</u> • 8. die Aktiv<u>ität</u> • 9. inter<u>national</u> • 10. das Zentr<u>um</u> • 11. repräsent<u>ativ</u> • 12. die Diskuss<u>ion</u>

3a 2. Außerhalb von Deutschland / Außerhalb Deutschlands sprechen viele Menschen Deutsch. • 3. Innerhalb von kurzer Zeit / Innerhalb kurzer Zeit kann man in einem Intensivkurs Deutsch lernen. • 4. Außerhalb von dem Deutschkurs / Außerhalb des Deutschkurses muss man viel Deutsch sprechen.

3b 3. Während der • 4. Bei der • 5. Aufgrund / Wegen ihrer lateinischen • 6. Wegen / Aufgrund der • 7. Nach ihrer • 8. Mit der • 9. Trotz dieser • 10. Zur

3c 2. Aufgrund dessen • 3. Aufgrund dessen • 4. Aufgrund • 5. Aufgrund

3d 2. Computer und Internet gehören heute zum Alltag der Menschen, daher kommen viele englische Fremdwörter aus diesem Bereich. 3. Bei der Übernahme von Fremdwörtern bleibt deren Schreibweise oft erhalten. Deshalb gibt es oft Schwierigkeiten mit der Rechtschreibung.

3e 3. statt • 4. aus • 5. in • 6. Nach • 7. auf • 8. wegen • 9. mit • 10. aufgrund • 11. bei • 12. in • 13. für • 14. Für • 15. über • 16. seit • 17. innerhalb • 18. vor • 19. am • 20. von

3f **Wechselpräpositionen:** <u>in</u> unsere Alltagssprache • <u>in</u> vielen Elternhäusern • <u>vor</u> 20 Jahren • <u>am</u> Computer • <u>über</u> diese Ängste • **Präpositionen mit Akkusativ:** Einfluss <u>auf</u> die Sprache • <u>für</u> die Rettung der deutschen Sprache • <u>Für</u> ihre Pflege • **Präpositionen mit Dativ:** <u>aus</u> dem englischen Sprachraum • <u>Nach</u> einer Studie • Probleme <u>mit</u> der deutschen Sprache • <u>bei</u> einer Befragung • <u>seit</u> dem antiken Griechenland • <u>von</u> SMS • **Präpositionen mit Genitiv:** <u>statt</u> einer persönlichen Auskunft • <u>wegen</u> ihrer schnellen Kommunikation • <u>aufgrund</u> dieser Entwicklung • <u>innerhalb</u> kurzer Zeit

3g 1. vor 20 Jahren • 2. aus dem englischen Sprachraum • 4. Ihr Vorsitzender regt sich über die Ängste nicht auf. • 5. Wie oft haben Sie diesen Satz statt einer persönlichen Auskunft schon gehört?

4a bei + D. • aufgrund + G. / D. / wegen + G. / D. • zum / zur + D. • vor + D. • nach + D. • während + G. / D. • trotz + G. / D.

4b 2. Weil / Da • 3. Während • 4. Wenn • 5. weil / wenn • 6. weil / wenn • 7. Nachdem • 8. Wenn • 9. Obwohl • 10. um … zu

5a 2. Welches Gedicht gefällt dir? – Dieses / Das hier. • 3. Welche Wörter verstehst du nicht? – Diese / Die hier. • 4. Mit welchem Wörterbuch arbeitest du? – Mit diesem / dem hier. • 5. In welchen Sprachkurs gehst du? – In diesen / den hier. • 6. Welches Kursbuch ist deins? – Dieses / Das hier.

5b 2. Satzteil 1 • 3. Satzteil 1 • 4. Satzteil 2 • 5. Satzteil • 6. Satzteil 2

6a 2D • 3D • 4D • 5R • 6R • 7R

6b 2. dessen • 3. derer • 4. dessen • 5. derer • 6. dessen • 7. derer

6c 2. deren • 3. dessen • 4. deren • 5. dessen • 6. deren

6d 2. Sie hat eine deutsche Großmutter, derer sie oft gedenkt. • 3. Dan Wang, bei deren Schwester ich Chinesisch gelernt habe, studiert jetzt auch in Deutschland. • 4. Sie wohnt bei einer deutschen Familie, mit der sie sich gut versteht. • 5. Amir kommt aus Kenia, wo es viele deutsche Firmen gibt. • 6. Amir hat einen deutschen Tandempartner, dessen Texte er korrigiert.

7a 2a • 3b • 4a • 5c • 6b

7b Von oben nach unten: 5 • 1 • 8 • 7 • 4 • 6 • 2 • 3 • 9

8 A. 2. Standarddeutsch • 3. Missverständnis • 4. Kabinetttisch • 5. Stofffarbe • 6. Satzzeichen • B. 2. Mitteilung • 3. Schifffahrt • 4. Wahlkreissieger • 5. Kompromisssuche • 6. Abbuchung

- Aufgaben zum Hörverstehen je nach Schwierigkeit: 1 – 1,5 Pkt. pro Item
- Aufgaben zum Leseverstehen je nach Schwierigkeit: 1 – 1,5 Pkt. pro Item
- Aufgaben zum Satzbau: 1,5 Pkt. pro Item = 1 Pkt. für den korrekten Satzbau und 0,5 Pkt. für die korrekte Orthografie
- Aufgaben mit Vorgaben (Schüttelkasten, Zuordnung) je nach Schwierigkeit: 0,5 – 1 Pkt. pro Item
- Einsatzaufgaben ohne Schüttelkasten (Artikel, Pronomen, Silben ergänzen): 1 Pkt. pro Item
- Freie Textproduktion ohne Schüttelkasten (aber mit Leitfragen oder Stichworten): 2 Pkt. pro Item. Bei hohem Fehleranteil 1 Pkt.-Abzug pro Item.

Im Test mit * gekennzeichnete Bewertung:
Test 19, Aufg. 1c: 1,5 Pkt. pro Item = 1 Pkt. für den korrekten Satzbau und 0,5 Pkt. für die korrekte Konjunktivform
Test 19, Aufg. 1d: 1,5 Pkt. pro Item 1 Pkt. für den korrekten Satzbau und 0,5 Pkt. für das korrekte Relativpronomen

Test 19, Aufg. 1e: 1,5 Pkt. pro Item 1 Pkt. für den korrekten Satzbau und 0,5 Pkt. für die korrekte Komparativform
Test 22, Aufg. 1d: 1,5 Pkt. pro Item 1 Pkt. für den korrekten Satzbau und 0,5 Pkt. für die korrekte Orthografie
Test 28, Aufg. 2b: 1,5 Pkt. pro Item je 0,5 Pkt. für die korrekte Komparativform und 0,5 Pkt. für den korrekten Satzbau

Die Lösungen zu den Tests finden Sie unter www.klett.de/dafkompakt

Bewertungsskala für die Tests

46 – 50	sehr gut
41 – 45	gut
36 – 40	befriedigend
31 – 35	ausreichend
0 – 30	nicht ausreichend

Fachbegriffe in DaF Kompakt A1 – B1

Adjektiv <-e>, das: Der Pullover ist *neu*. Der *neue* Pullover.

Adverb <-ien>, das: Schwimmst du *auch* gern?

„aduso"-Konnektor <-en>, der: – die Konnektoren *aber, denn, und, sondern, oder*

Agens, das (→ **Passiv**): Die Produktion wird ab 1950 wieder *von der Firma* aufgenommen.

Aktiv, das (→ **Passiv**): 1912 *gründen* die Eheleute Ritter die Firma Ritter. 1950 *nimmt* die Firma die Produktion wieder *auf*.

Akkusativ <-e>, der (→ **Akkusativergänzung** → **Kasus**): (Ich fotografiere) *den / einen Markt; die / eine* Reise; *das / ein Museum*; die / – Menschen

Akkusativergänzung <-en>, die (→ **Akkusativ**): Ich kenne *die Frau*. Hier gibt es *einen Markt*. Ich denke *an meine Freunde.* / Ich denke *an die Reise.* Frage: *Wen? / Was? / An wen? / Woran?* (*= An was?*)

Alternative <-n>, die: *Entweder* wir gehen ins „Criminal Dinner" *oder* wir sehen die „Dreigroschenoper". Wir können *entweder* ins „Criminal Dinner" *oder* in das Musical gehen.

Antonym <-e>, das (= das Gegen[satz]wort): bequem ≠ *unbequem*

Artikel (unbestimmter / bestimmter) <->, der (→ **Indefinitartikel**): *ein / der* Vater; *ein / das* Kind; *eine / die* Mutter; – / *die* Eltern

Aussagesatz <¨e>, der (→ **W-Frage**): Was macht Sylvie? – *Sie macht den Haushalt.*

Dativ <-e>, der (→ **Dativergänzung** → **Kasus**): (Das gehört) oder (Ich helfe) *dem / einem Mann; der / einer Frau; dem / einem Kind; den / –* Menschen

Dativergänzung <-en>, die (→ **Dativ**): Ich helfe *der Schwester*. Ich spreche *mit der Frau*. Ich fahre *mit dem Bus*. Frage: *Wem? / Mit wem? / Womit?* (*= Mit was?*)

Demonstrativartikel <->, der: Welches Auto möchtest du? – *Dieses* blaue Auto. Das ist nicht mehr *dieselbe* Stadt, in der wir vor 30 Jahren studiert haben.

Demonstrativpronomen <->/ <Demonstrativpronomina>, das: Welches möchtest du? – *Dieses.* / *Das* da.

Diminutiv <-e>, der (= die Verkleinerungsform): Ich habe keine Tasche, sondern ein *Täschlein*. Ich wohne nicht in einem Haus, sondern in einem *Häuschen*.

Diphthong <-e>, der: *ei, ai, ey, ay, au, äu, eu*

Endung <-en>, die: Ich komme morgen. (→ Endung *-e*); Gehs*t* du schon? (→ Endung *-st*)

Femininum <Feminina>, das (→ **Genus**): *die / eine* Frau; *die / eine* E-Mail

Finalsatz <¨e>, der: *Zum Mitmachen* braucht man keine Vorkenntnisse. Man braucht keine Vorkenntnisse, *um mitzumachen*. *Damit* man mitmachen kann, braucht man keine Vorkenntnisse.

Fragewort <¨er>, das: *Wie* heißt du? *Was* machst du morgen? *Welches* Hemd gefällt dir besser?

Frageartikel <->, der: *Welches* Auto möchtest du? – Dieses blaue Auto.

Futur I, das (→ **Tempus**): Wir *werden* ab August zusammen in Berlin *wohnen*.

Gemischtes Verb <gemischte Verben>, das (→ **Regelmäßiges Verb** → **Unregelmäßiges Verb**): Ich *renne* nach Hause. Ich *rannte* nach Hause. Ich *bin* nach Hause *gerannt*.

Genus <Genera>, das: Maskulinum, Neutrum, Femininum

Genitiv <-e>, der (→ **Genitivergänzung** → **Kasus**): (Die Erstellung) *des Übungsplans* / (Die Beachtung) *des Rezepts* / (Die Beratung) *der Kundin* / (Die Fragen) *der Menschen* → Frage: *Wessen?*

Genitivergänzung <-en>, die (→ **Genitiv**): Bei der Erstellung *des Übungsplans* gab es Probleme. Ich entsinne mich gern *meiner Zeit* in Australien. → Frage: *Wessen?*

Hauptsatz <ᵘe>, der: *Die Kundin fragt. Die Kundin hat gefragt,* ob das Produkt schon da ist.

Hilfsverb <-en>, das (→ **Vollverb**): Wir *sind* in den Urlaub gefahren. Der Fallschirm *wird* gebracht. Ich *habe* einen Tandemsprung gemacht.

Imperativsatz <ᵘe>, der: *Kommen Sie bitte! Komm doch bitte! Kommt doch bitte!*

Indefinitartikel <->, der (→ **Artikel**): *ein* / *jeder* / *irgendein* / *mancher* Vater; *ein* / *jedes* / *irgendein* / *manches* Kind; *eine* / *jede* / *irgendeine* / *manche* Mutter; *alle* / *viele* / *wenige* / *irgendwelche* / *manche* Eltern

Indefinitpronomen <-> / <Indefinitpronomina>, das: Ich suche *etwas*. Ich brauche *nichts*. Kommen *alle*? Kennst du *irgendjemanden*? *Manche* gefallen mir.

Indirekter Fragesatz <ᵘe>, der: Weißt du, *ob er morgen Zeit hat?* Ich möchte wissen, *wann er kommt.*

Infinitiv <-e>, der (→ **Verb**): *Lesen* macht Spaß.

Infinitivsatz <ᵘe>, der: Irina hätte Lust, *das Hafenfest zu besuchen.*

Irreale Annahme <-n>, die (→ **Konjunktiv II**): Peter ist heute hier. – Wirklich? *Ich dachte, er wäre* krank.

Irrealer Konditionalsatz <Irreale Konditionalsätze>, der (→ **Konjunktiv II**): *Wenn* ich nicht so unordentlich *wäre, könnte* ich jetzt nachforschen. *Wäre* ich nicht so unordentlich, *könnte* ich jetzt nachforschen.

Irrealer Wunschsatz, <Irreale Wunschsätze>, der (→ **Konjunktiv II**): *Wenn ich nur mehr Zeit zum Reisen hätte! Hätte ich bloß mehr Zeit zum Reisen!*

Ja / Nein-Frage <-n>, die: *Kommst du aus Rom? Ja,* ich komme aus Rom. / *Nein,* aus Paris.

Kasus <->, der: Nominativ, Akkusativ, Dativ, Genitiv

Kausales Verbindungsadverb <Kausale Verbindungsadverbien>, das: Ich soll Sport machen. *Darum / deshalb / deswegen / daher* gehe ich walken. Ich gehe walken. Ich soll *nämlich* Sport machen.

Komparativ <-e>, der (→ **Superlativ** → **Vergleichssatz**): *Komparativ prädikativ:* Der Strandurlaub *ist schöner*. Das Meer *ist sauberer*. Das Essen *ist besser*. *Komparativ attributiv: Der schönere* Strand ist auch sehr teuer. *Im saubereren* Meer leben viele Tiere. *Das bessere* Essen ist auch gesünder.

Kompositum <Komposita>, das (→ **Zusammengesetztes Nomen**): der Gemüseauflauf → Bestimmungswort (das Gemüse) + Grundwort (der Auflauf) = Zusammensetzung (der Gemüseauflauf)

Konditionaler Nebensatz <Konditionale Nebensätze>, der: *Wenn Rui Geld anlegen will*, kann er es auf ein Sparkonto einzahlen. / Rui kann es auf ein Sparkonto einzahlen, *wenn er es anlegen will*.

Konjunktiv II, der (→ **Irreale Annahme** → **Irrealer Konditionalsatz** → **Irrealer Wunschsatz**): *Würdest* du mir bitte *helfen*? (Bitte) Du *solltest* mit den Eltern *sprechen*. (Ratschlag) *Hätte* ich bloß mehr Zeit zum Reisen! (Irrealer Wunsch)

Konnektor <-en>, der: Kommst du heute *oder* morgen? – Ich komme morgen, *denn* ich muss arbeiten.

Konsekutivsatz <ᵘe>, der: Potsdam hat eine schöne Umgebung, *sodass* Malika viele Ausflüge machen möchte. Potsdam hat eine *so* schöne Umgebung, *dass* Malika viele Ausflüge machen möchte. Viele Lerner ärgern sich über Fehler. *Also / Folglich* sehen sie die Fehler als etwas Negatives. Viele Lerner ärgern sich über Fehler. Sie sehen *also / folglich* die Fehler als etwas Negatives.

Konsonant <-en>, der: b, c, d, f, g, h, j, k, l, m, n, p, q, r, s, t, v, w, x, z

Konzessiver Haupt- und Nebensatz <Konzessive Haupt- und Nebensätze>, der: *Obwohl ich nicht gut in Mathe bin*, möchte ich Betriebswirtschaft studieren. Ich möchte Betriebswirtschaft studieren, *obwohl ich nicht gut in Mathe bin*. Ich bin *zwar* nicht gut in Mathe, *aber* ich möchte Betriebswirtschaft studieren. Ich bin nicht gut in Mathe. *Trotzdem / Dennoch möchte ich Betriebswirtschaft studieren.*

Maskulinum <Maskulina>, das (→ **Genus**): *der / ein* Arzt; *der / ein* Brief

Modalverb <-en>, das: Er *will / kann / darf / soll / möchte / mag / muss* jetzt nichts sagen. Er *wollte / konnte / durfte / sollte / mochte / musste* nichts sagen. Er *hat* nichts sagen *wollen / können / dürfen / sollen / wollen / mögen / müssen.*

Modus, <Modi>, der: Imperativ, Indikativ, Konjunktiv

n-Deklination, die: Ich helfe *dem* Herr*n.* Das ist das Auto *unseres* Nachbar*n.*

Nebensatz <⁀e>, der: Die Kundin hat gefragt, *ob das Produkt schon da ist.* Der Verkäufer informiert sie, *dass es schon da ist.*

Negativartikel <->, der: Nein, ich habe *keinen* Pullover, *keine* Jacke, *kein* Hemd und *keine* Schuhe.

Negation, die (= die Verneinung): Nein, ich komme heute *nicht.* Nein, ich habe *keine* Zeit. Er ist *un*pünktlich. Ist der Autoschlüssel irgendwo? Nein, ich kann ihn *nirgendwo / nirgends* finden.

Neutrum <Neutra>, das (→ **Genus**): *das / ein* Mädchen; *das / ein* Brot

Nomen <->, das: der Vater / der Name; das Kind / das Foto; die Mutter / die E-Mail

Nominativ <-e>, der (→ **Subjekt / Nominativergänzung → Kasus**): *Das Praktikum* (gefällt Jan.) *Er* (bleibt 2 Monate.) Frage: *Wer? / Was?*

Nominativergänzung <-en>, die (→**Nominativ**): Ich bin *eine Freundin von Silke.* Er wird *Arzt.* Frage: *Wer? / Was?*

Nullartikel <->, der (= ohne Artikel): Ich brauche noch ~~ein~~ Brot. Er ist ~~ein~~ Arzt. Sie ist ~~eine~~ Schweizerin.

Numerus <Numeri>, der: Singular und Plural

Ortsangabe im Akkusativ / Dativ <Ortsangaben im Akkusativ / Dativ>, die (→ **Wechselpräposi- tionen**): Ortsangaben im Akkusativ: Jörg fährt *nach* Wien. Er fährt *auf den* Ring. Er geht *ins* Wien-Museum. → Frage: *Wohin?*

Ortsangaben im Dativ: Jörg übernachtet *bei* Michael. Er ist oft *im* Kino. Michael wohnt *gegenüber von der* U-Bahnstation. → Frage: *Wo?*

Ortsangabe im Satz <Ortsangaben im Satz>, die (→ **Zeitangabe im Satz**): Jörg ist heute *bei einem Freund.* Er geht morgen wieder *zu einem Freund.* Er kommt am Abend *von einem Freund.* → Fragen: *Wo? / Wohin? / Woher?*

Partikel <-n>, die: Komm *doch mal.* – Ich komme *ja* gleich.

Partizip Perfekt <Partizipien Perfekt>, das (→ **Perfekt**): Ich bin gestern im Deutschkurs *gewesen.* Ich habe viel *gelernt.* Die neu *gelernten* Wörter muss ich heute wiederholen.

Partizip Präsens <Partizipien Präsens>, das: Die drei Monate bei Familie Egger waren *anstrengend.* Familie Egger ist für Bernd ein *leuchtendes* Vorbild.

Passiv, das (→ **Aktiv → Agens**): Passiv Präteritum: Die Firma Ritter *wurde* 1912 von den Eheleuten Ritter *gegründet.* Passiv Präsens: Die Produktion *wird* ab 1950 von der Firma wieder *aufgenommen.* Passiv Perfekt: Ich *bin* leicht *verletzt worden.* Passiv mit Modalverb: Der Nachbar *muss* noch weiter *behandelt werden.* „sein"-Passiv: Der Fahrer *ist verletzt.* Plusquamperfekt Passiv: Friedrich III. *war* zum Preußenkönig *gekrönt worden.*

Perfekt, das (→ **Partizip Perfekt → Tempus**): Ich *bin* im Kino *gewesen.* → Ich *habe* den Film *gesehen.*

Personalpronomen <-> / <Personalpronomina>, das: Das ist Carlos. *Er* ist der neue Praktikant.

Plural (Pl.) <-e>, der (→ **Singular → Numerus**): ein Haus (Sg.) ↔ *zwei Häuser* (Pl.)

Plusquamperfekt, das (→ **Tempus**): Sie *hatten* eine lange Bustour durch Berlin *gemacht.* Dann *waren* sie zum Potsdamer Platz *gelaufen.*

Possessivartikel <->, der: Das ist *mein* Sohn, *deine* Tochter. Das ist *sein / ihr / sein* Kind. Das sind *unsere / eure / ihre* Eltern.

Possessivpronomen <-> / <Possessivpronomina>, das: Ist das dein Tisch? – Ja, das ist *meiner.* Ist das dein Regal? – Nein, das ist *seins.* Ist das ihre Kommode? – Ja, das ist *ihre.*

Präposition <-en>, die: Er kommt *aus* Österreich. Er fährt *mit dem* Zug *nach* Berlin. Er macht ein Foto *für* sie. *Wegen* ihres Jobs ist sie *innerhalb* Europas unterwegs. *Trotz* des Schnees fahren die Züge.

Präpositionalpronomen <-> / <Präpositionalpronomina>, das (= Präpositionaladverb): Bernd arbeitet bei Frau Egger. Er freut sich *darüber.* Er hat ein kleines Zimmer. *Darin* stehen wenig Möbel.

Präsens, das (→ **Tempus**): Ich *komme heute*. Er *arbeitet* viel. Sie *besucht* uns morgen. *1911 kommt* Paul Klee zur Künstlergruppe „Blauer Reiter". (historisches Präsens)

Präteritum, das (→ **Tempus**): Gestern *war* ich zu Hause. Ich *hatte* Besuch. Er *ging* um 22.00 Uhr.

Reflexivpronomen <->/<Reflexivpronomina>, das (→ **Reflexives Verb**): Ich wasche *mich*. Er wäscht *sich*. Du merkst *dir* den Namen. Reziproke Bedeutung: Wir *helfen uns gegenseitig/einander*.

Reflexives Verb <Reflexive Verben>, das (→ **Reflexivpronomen**): Ich wasche *mich*. Ich *trockne mir* die Haare.

Regelmäßiges Verb <Regelmäßige Verben>, das (→ **Gemischtes Verb** → **Unregelmäßiges Verb**): Ich *suche* ihn. Ich *suchte* ihn. Ich *habe* ihn *gesucht*. Ich *starte*; ich *startete*; ich *bin gestartet*.

Relativpronomen <->/<Relativpronomina>, das (→ **Relativsatz**): Ich habe mit meinem Vater gesprochen, *der* mir geholfen hat. Ich habe ein Auto, *das* nicht teuer war. Ich hatte eine Beraterin, *die* sehr kompetent war. Der Befragte ist Stammwähler, *worauf* er stolz ist. Das, *was* die Befragten interessiert, sind Wahlen. Die Freunde, *derer* wir gedenken, sind tot.

Relativsatz <⸚e>, der (→ **Relativpronomen**): Ich habe mit meinem Vater gesprochen, *der mir geholfen hat*. Ich habe ein Auto, *das nicht teuer war*. Ich hatte eine Beraterin, *die sehr kompetent war*. Der Befragte ist Stammwähler, *worauf er stolz ist*. Das, *was die Befragten interessiert*, sind Wahlen. Die Freunde, *derer wir gedenken*, sind tot.

Singular (Sg.), der (→ **Plural** → **Numerus**): *ein Haus* (Sg.) ↔ *zwei Häuser* (Pl.)

Subjekt <-e>, das (→ **Nominativ**): *Das Praktikum* (gefällt Jan.) *Er* (bleibt 2 Monate.) Frage: *Wer?/Was?*

Superlativ <-e>, der (→ **Komparativ**): *Superlativ prädikativ*: Der Strandurlaub ist *am schönsten*. Das Meer ist *am saubersten*. Das Essen ist *am besten*. *Superlativ attributiv*: Der *schönste* Strandurlaub ist auch sehr teuer. *Im saubersten* Meer leben viele Tiere. *Das beste* Essen ist auch gesünder.

Synonym <-e>, das (= das sinnverwandte Wort): bequem = *komfortabel*

Temporalsatz <⸚e>, der: *Als er in dem Laden war*, gab es ein großes Gedränge. Sie ist krank, *seit(dem) sie so viel arbeitet*. *Bis sie wieder gesund ist*, bleibt sie zu Hause. *Jedes Mal, wenn er das Zelt zusammengedrückt hat*, hat es sich geöffnet. Vorzeitigkeit: *Nachdem wir es bis zum Hotel geschafft hatten*, fing es an zu regnen. Gleichzeitigkeit: Wir haben dort Kaffee getrunken, *während es geregnet hat*. Nachzeitigkeit: *Bevor wir losgehen konnten*, mussten wir bezahlen.

Tempus <Tempora> (= die Zeit): Plusquamperfekt, Präteritum, Perfekt, Präsens, Futur I

Umlaut <-e>, der: ä, ö, ü

Unregelmäßiges Verb <unregelmäßige Verben>, das (→ **Gemischtes Verb** → **Regelmäßiges Verb**): Ich *finde* das Buch nicht. Ich *fand* das Buch nicht. Ich *habe* das Buch nicht *gefunden*.

Verb <-en>, das: kommen, arbeiten, schreiben, …

Verb mit trennbarer Vorsilbe <-en>, das: Ich *rufe* dich *an*. Ich habe dich *angerufen*.

Verb mit untrennbarer Vorsilbe <-en>, das: Ich *erreiche* ihn nicht. Ich habe ihn nicht *erreicht*. Ich *besuche* dich. Ich habe dich *besucht*.

Vergleichssatz <⸚e>, der (→ **Komparativ**): Ein Strandurlaub ist *schöner als* ein Wanderurlaub. Die Ostsee ist *genauso sauber wie* die Nordsee. Verhältnisse ausdrücken: *Je* später der Abend, *desto* schöner die Gäste.

Vokal <-e>, der: a, e, i, o, u, y

Vokalwechsel <->, der: ich spreche, du sprichst, …

Vollverb <-en>, das (→ **Hilfsverb**): Du *bist* sehr aktiv. Du *hast* keine Angst. Du *wirst* ja noch eine Supersportlerin.

Wechselpräposition <-en>, die (→ **Ortsangabe im Akkusativ/Dativ**): Wohin? + Akkusativ: Stell den Kaffee *in das Regal*. → Wo? + Dativ: Der Kaffee steht *im Regal*.

W-Frage <-n>, die: *Woher* kommst du? *Wie* heißt du? *Wo* wohnst du? etc.

Zeitangabe im Satz <Zeitangaben im Satz>, die (→ **Ortsangabe im Satz**): Jörg war *gestern zwei Stunden* im Museum. → Fragen: *Wann?/Wie lange?*

Zusammengesetztes Nomen <zusammengesetzte Nomen>, das (→ **Kompositum**): der Gemüseauflauf → Bestimmungswort (das Gemüse) + Grundwort (der Auflauf) = Zusammensetzung (der Gemüseauflauf)

Zweiteiliger Konnektor <zweiteilige Konnektoren>, der: Innsbruck bietet *sowohl* Kultur *als auch* Natur. Das Restaurant ist *weder* besonders schick *noch* ist die Speisekarte aufregend.